# 住宅読本

中村好文

新潮社

# 住宅読本　目次

秋穂のアトリエ
1987

高村光太郎
独居自炊のワンルーム

―絵＋タイトル文字―中村好文
―ブックデザイン―大野リサ＋川島弘世

# ジュディ・アボットとたんばさん　まえがきにかえて

人の住まいや、そこで営まれる市井の暮らしに興味があり、これまで私は、住宅設計を自分の仕事の中心に据えてやってきました。

あらためて指を折って数えると、かれこれ三十年ほど住宅設計の世界にのめり込み、浸っていた勘定になります。

もちろん、建築への興味は住宅だけというわけではありませんから、機会があれば、飲食店をはじめ、ブティック、宿泊施設、そして小さな美術館のようなものも手がけて来たのですが、気がつくと、私にはいつの間にか「住宅建築家」というレッテルが貼られていました。

そして、私はといえば、住宅と暮らしを取り巻く日常些事と、生活の機微を愛するものとして、貼られたそのレッテルを勲章のように誇らしく思っています。

この本が生まれるきっかけは、雑誌『芸術新潮』の「住宅ってなんだろう」という特集号ですが、その特集もおそらくそうしたレッテルが決め手になって組まれたものだったのでしょう。

特集の話が持ちかけられる前から、私自身には「いい住宅の条件とはいったい何だろう?」「住まいに不可欠な要素とは何だろう?」、そんなことが、設計作業のつれづれに、とりとめなく脳裏をよぎることがあり、この辺りでじっくり腰を据えて考えてみたいと思っていたこともあって、「渡りに船」でその企画に参加したのでした。

地球環境の問題、エネルギーや埋蔵資源の問題を真正面から考える動き、また人体に及ぼす影響という視点から住宅建材や建築資材を見直す風潮が一般の人達の間に

"Stone Gate",
December 31st

Dear Daddy-Long-Legs,

It is the most perfect house for children to be brought up in; with shadowy nooks for hide and seek, and open fireplaces for popcorn, and an attic to romp in on rainy days, and slippery banisters with a comfortable flat knob at the bottom, and a great big sunny kitchen, and a nice, fat, sunny cook, who has lived in the family thirteen years and always saves out a piece of dough for the children to bake.

Just the sight of such a house makes you want to be a child all over again.

Yours ever,

Judy Abbott

も高まってきています。また、住宅設計の分野では、家族関係や生活の変化を見据え、その変化に適応した住宅の間取り《プラン》の提案が盛んになされるようになっています。つまり、住宅の世界も、縁側でのんびり爪切りしているどころではなく、いよいよ本腰を入れて考え直さなければならない時代に突入したようです。

　と言いながら、この本は、そういう社会情勢や状況に対応した住宅のあり方を考えようとしているわけではありません。ここでは、そのようにざわめく世の中を尻目に、今しばらく縁側の日溜まりに腰を落ち着けて、住宅に住まう側の視点から、つまり、普段着で肩肘張らない日常の暮らしの内側から、「住宅とは何だろう？」「いい住宅にはどんな要素が必要なんだろう？」ということに、あれこれ思いを巡らしてみようという趣向なのです。

　ここで、ひとつだけ言い添えますと「暮らしの内側から」という言葉には、ぜひとも「心の内側から」という言葉を重ね合わせておきたいと思います。

「住宅」というものは、ただ身体的に人が住み、日常生活が行われる容器であるばかりではなく、心もまた、安らかに、豊かに、しっくりとそこに住み続けられる場所でなければならないからです。

　五年ほど前、溜まりに溜まっていた自宅の本棚の整理をしていたところ、棚の奥からひょっこり、中学生のころ英語のテキストとして読んだことのあるジーン・ウェブスターの『あしながおじさん』が出てきました。

　そんな本がいまだに本棚に埋もれていたことに驚きましたが、懐かしさも手伝って、パラパラと拾い読みしているうちに、年甲斐もなくその本に惹き込まれてしまいました。感受性豊かな若い娘から自分に来た手紙として読めるのも、この本が大いに心くすぐるところです。結局、あれよあれよという間に読み了ってしまったのですが、そのなかに、私が、「これは！」と思い、しばらく本を伏せて、胸の内にしっかり染み込ませておきたいと思ったくだりがあります。

　それは、主人公のジュディ・アボットが、友人の家に泊まり客として訪れて、いたく感激し、その家の様子と印象を綴った手紙の内容でした。

　十七歳まで孤児院で育てられ、いわゆる普通の住宅の内部と、そこで営まれる普通の家庭の暮らしを知らなか

たんばさん
朝いちど、大きな土瓶に茶を
少し入れ、湯をいっぱいに注いで、
それを少しずつ啜る。
老人は小さな茶碗にほんの
少し注ぎ、その茶碗を
両手で囲うように持って、
尖らせた唇を、ゆっくりと
近づけて、さも大事そうに
啜るのであった。
山本周五郎著
「季節のない街」より

った若い娘の眼に、住宅というものが、どのように見えたかという記述は「住宅とは何か？」を考える上で、ひとつの重要な視点であり、ヒントになるのではないか、と私は直覚したのです。孤児院を「ホーム」と呼ぶことにも違和感を味わっていたかもしれない優れた感受性の持ち主の彼女が、そのような生い立ち、つまり家無き子だったからこそ、住宅と、そこでの暮らしに備わっていなければならないものがはっきり「見えた」に違いないと……。

少し長くなりますが、その部分を引用したいと思います。

サリーの家に来て、私は、最高に愉しい休暇をおくっています。彼女の家は、街の通りから奥まった所にあり、白い漆喰で縁取りされた、大きくて古風な煉瓦造りの家です。私がまだジョ

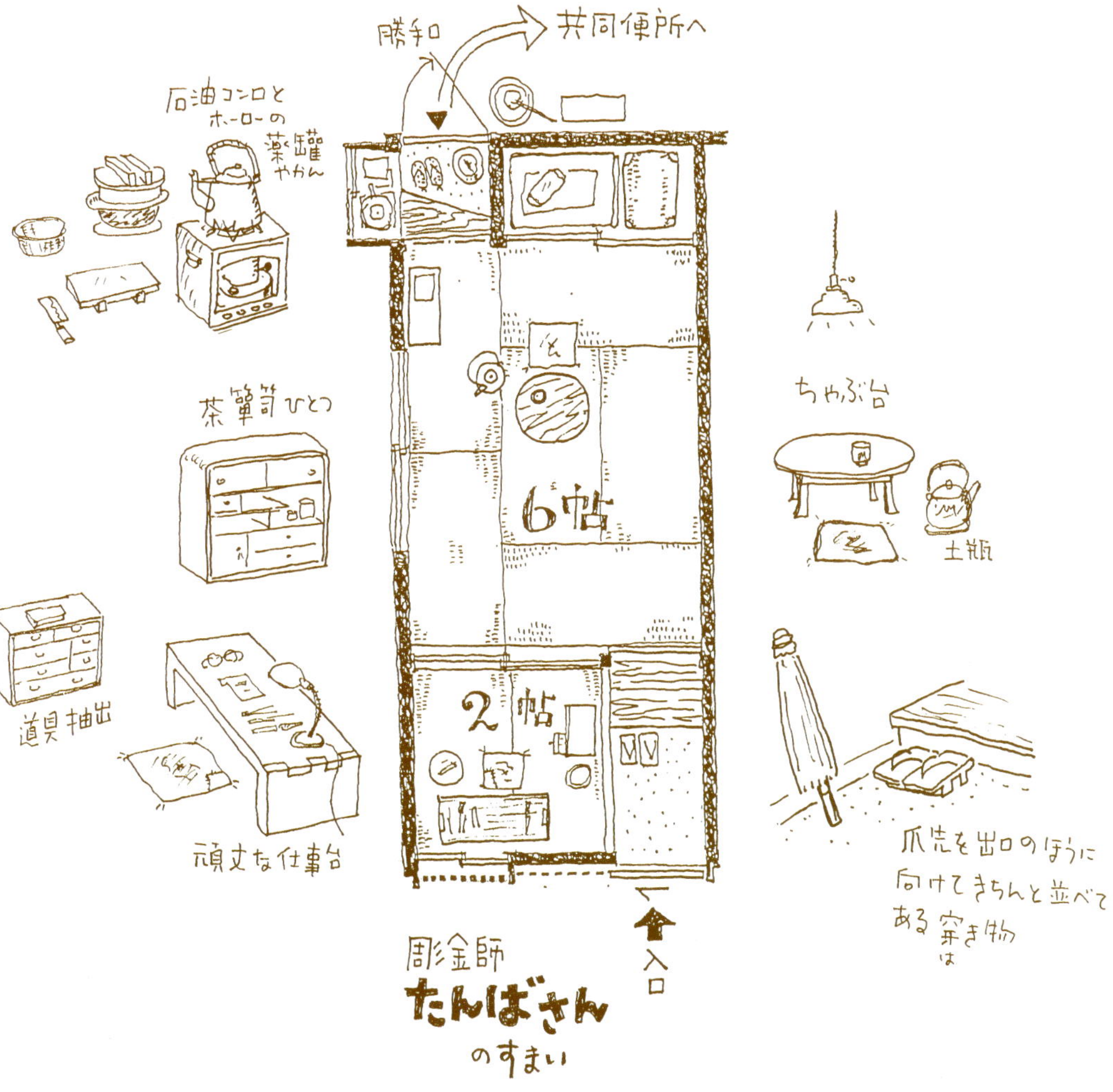


ン・グリーア孤児院にいたころ、家の中は一体どんな様子かしらと、もの珍しく外側からしみじみ眺めていた家と、そっくりの家です。私は、自分自身がそんな家の内部に足を踏み入れ、自分の眼でその内部を見ることができるなんて、夢にも思いませんでした。でも、ほら、私は今、その家の中にいるんです！

　どこもかしこも実に居心地がよくて、のんびりしていて、親しみがあります。私は部屋から部屋を歩きまわり、ひとつひとつの部屋のしつらえや壁に飾られたものを眺めてはうっとりしています。

　ここは子どもを育てるには、素晴らしくいい家です。かくれんぼするにはちょうどいい薄暗い隅っこがあるし、ポップ・コーンをつくれる暖炉があるし、退屈な雨の日なんかに跳ねまわるには格好の屋根裏部屋があるし、それから階段にはスベスベした手すりが付いていて、それを滑り降りた端っこのところには、思わず撫で回したくなる、丸パンを押しつぶしたような形のぎぼしがあるし……そうそう、それに、すっごく大きくて陽当たりのいい台所だってあります。そして、そこには、十三年間もこの家に家族同様に暮らしている、太っていて、親切で、ニコニコ顔の料理人がいて、いつも子どもたちのために練ったパン粉のかたまりをとっておいて、焼かせてくれます。こんな家を見たら、あなただって、きっともう一度子どもの時にかえりたくなるはずよ。

書き写しているうちに、もうひとつ、これもまた「住宅とは何か？」を考える上でヒントになりそうな小説のくだりを思い出してしまいました。

ものはついで。

それも書き写してみます。

山本周五郎の『季節のない街』から、「たんばさん」の一節です。

この長屋内で、家をきれいにしている数軒の中でも、たんばさんの家は第一の指に折られるに違いない。戸障子もすらすらあけたてができるし、羽目板に泥がはねていることもない。三尺の狭い土間は塵もなく、穿き物はいつも爪先を出口のほうに向けて、きちんと並べてある。石油コンロで煮炊きをするから、勝手も煤などは溜まらないし、畳も古いのだが、ふしぎにけば立ったり擦り切れたりしていない。入り口の二帖も奥の六帖も常に片づいていて、よけいな物は一つも見あたらなかった。茶箪笥が一つとちゃぶ台。それから仕事をする頑丈な台と、道具や地金を入れる、抽出し付きの箱。それらがいつも同じ場所にあった。まるで造りつけにしてあるかと疑われるほど、一センチの狂いもない同じ場所に。――火鉢はなかった。朝いちど、大きな土瓶に茶を少し入れ、湯をいっぱいに注いで、それを少しずつ啜る。客があるとべつに茶を淹れることもあるが、たいていは同じ茶を出した。

「どうも腑におちねえんだが」と渡《わた》さんが云った、「あんな出がらしの茶なのに、たんばさんが飲むのを見ていると、よだれが出るほどうまそうなんだな、まったくだぜ」

老人は小さな茶碗にほんの少し注ぎ、その茶碗を両手で囲うように持って、尖らせた唇を、ゆっくりと近づけて、さも大事そうに啜るのであった。

客に食事を出すようなことはなかった。どんな物を喰べているかわからないが、老人の食事は朝と晩の二回らしい。着物は木綿のこまかい縞で、縫い張りはよそへ出すようだが、いつも垢のつかないさっぱりした物を着ていたし、冬でも足袋ははかなかった。

ここに描かれているのは、隣近所や世の中の風潮に惑わされずに、自分の身丈に合った暮らしを、自身の着実なペースで営む、一人暮らしの老人の生活と住まいの様子です。短い文章に、始末《しまつ》に暮らす老人の衣・食・住が見事に活写されていることに、眼を瞠らないわけにはいきません。「すまい」と「くらし」が表裏一体となった、無理も無駄もない簡素さ加減が、私にはこの上もなくいさぎよく感じられ、好ましいものに思われます。

インターネットと携帯電話が我がもの顔にはばを利かす情報と通信の時代。部屋中に、家中に、街中にモノの氾濫する時代。そして、それを惜しげもなく捨てる消費と浪費の時代。「便利」と「豊かさ」が同義語となり、そのことを誰も疑ったりしない時代。

そんな浮き足だった時代に、この背筋のまっすぐ通った老人の落ち着きのある静かな暮らしぶりと、室内の清楚なしつらえの描写を読むと、冷たい湧き水で顔を洗ったような清々しい気分になります。

書いているうちに、ここで紹介したジュディ・アボットとたんばさんの二人こそ、この本の案内役としてふさわしいのではないかと思えてきました。

しかし、ジュディが生きているとすれば、たぶん百十歳ぐらい、たんばさんも、とうに百歳を越えているはずですから、とうてい二人をここに呼び出すことはできそうにありません。

せめて、私たちは二人のその精神をしっかり心に留めて、一緒に住宅の内外を巡り歩きながら、そこに住まう者にとって「いい住宅とは何か?」を、じっくり考えてみることにしましょう。

# 第1章

# 風景

## 風景のなかにしっくりおさまっている家を見ると…

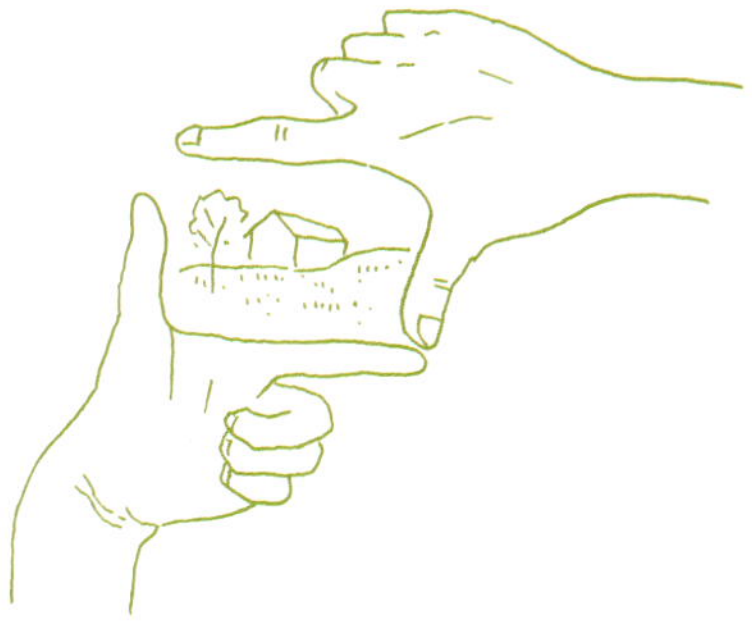

〈夏の家〉 1937年
設計＝エリック・グンナール・アスプルンド
スウェーデン・ニーネスハムン市ステンネース

風景のなかにしっくりおさまっている家を見ると、「ああ、いいなぁ」と思います。

学生時代から、なけなしのお金をはたいて、そのころまだ日本の各地にたくさん残っていた美しい民家や集落、そしてそれを取り巻く風景を見て歩く旅をしましたが、そうした経験は、案外あとあとまで尾を引くようです。

住宅を設計するようになってから、風景のなかにどのように建物を据えたらよいか？　あるいは、その風景のなかにはどのような家がふさわしいか？　ということが、大いに気になるようになりました。

この「風景」という言葉は、市街地では「街並」と言いかえることができますし、もしそれが住宅地なら、今ではあまり使われなくなりましたが「向こう三軒両隣り」という味のある言葉に置きかえてもよいと思います。いずれにしろ、家を建てるということは、周囲との間に有形無形の関係が生じることですから、慎重を期したいと思うようになったのです。

ひとつの建物が、一軒の住宅が、そこの風景に人の暮らしの息吹を感じさせ、人懐かしい雰囲気を醸し出すこともありますし、逆に、傍若無人な建物によって、せっかくの風景がいとも簡単に台無しにされてしまうこともあります。

風景に溶け込んでいる建物で私がいつも思い浮かべるのは、〈夏の家〉と呼ばれる、スウェーデンの建築家グンナール・アスプルンドの別荘です［16〜17頁］。この建物はストックホルム市内から七十キロほど南下したステンネースというところにあります。訪れてみると、背後の岩山と前方に広がるフィヨルドの入り江に挟まれた草地になっていて、どことなく隠れ里的な雰囲気が漂っていました。ここへは県道から脇にそれ、小さな森を抜けていくひっそりとした小道を通って行くのですが、この魅力的なアプローチが建物への期待をいっそうかき立て、やがて辿り着く場所に特別な力をもたらすことになるのです。このように、ある特定の場所に備わっている雰囲気や潜在力のことを私たち建築の世界では「地霊」と呼んでいます。おそらくアスプルンドはこの草地を見たとたん、それを感じ、迷うことなく「ここだ！」と心を決めたに違いありません。そして、場所だけではなく、この場を取り

京都府美山町の集落

巻く風景が彼の心にしっかり焼き付いたと推察するのです。

たぶん、アスプルンドは別荘を建てるにあたって、まずこの場所から聞こえてくる無言の声にじっと耳を澄ますことから始めたことでしょう。そして、実際には、背後に迫っている岩山にそっと寄り添うように建物の位置を定め、細長い建物を入り江を指さすような方向に配置しています。岩山の形やフィヨルドの入り込んでくる地形など、この場所ならではの特性に敬意を払い、それを最大限に生かそうとしたことは、現地に立ってみるとひしひしと感じられます。別荘が建ったことで取り巻いている自然の豊かさがいっそう際立ち、風景の童話的な魅力を倍加させたとも言えるでしょう。

そして、何よりもこの場所には「人の住む草原」という心の奥処に語りかける懐かしい気分が宿っていたと、書いておきたいと思います。

〈夏の家〉は、北欧版の「大草原の小さな家」のようだった、と書いたらハタと膝を打ってくれる読者もいることでしょう。

〈住吉の長屋〉　1976年
設計＝安藤忠雄　大阪市住吉区

ここで、市街地の実例もひとつ挙げておきましょう。有名な住宅なので、ご存知の方も多いはずですが、安藤忠雄氏の代表作の〈住吉の長屋〉です。

　このコンクリートの小住宅は、密集した大阪の下町にあります。三軒長屋の真ん中をケーキでも切り分けるように切り取って建て替えるという、常識では考えられない発想と難しい工事を、安藤氏は持ち前のチャレンジ精神とヴァイタリティで、住宅史を飾る傑作に仕立て上げました。

　内外とも打ち放しのコンクリート壁、しかも雨の日には傘をささないとトイレに行けない不便な間取《プラン》りですから、住み手はさぞかし大変だろうと同情してしまい、発表当時、私はいくぶん批判的にこの住宅を見ていました。しかし、完成後、十年ほど経ってからとりあえず外観とそのたたずまいだけでも実際に見ておかなくては、と思って出掛け、建物の前に立ったとたんに、その評価は大きく変わりました。

　写真で見ていた外観は、コンクリートの壁に入口の穴がひとつ穿たれているだけで、街並に対して、いかにも素っ気なく無愛想に、見ようによっては挑発的にさえ感じられたのですが、実際のその建物は予想よりはるかに小さく、私にはず

〈瀬田の家〉　2002年
設計＝中村好文　東京都世田谷区

いぶん愛らしく、親しみやすい「小箱」のように感じられました。

そして、周辺の建物に対して思ったほど違和感を感じさせないその理由は、この「小箱」のような住宅が、人間的《ヒューマン》なスケールを持っているせいだということに気づいたのです。人間的なのはスケールばかりではありません、大阪の下町の町屋に生まれ育ったという安藤氏の建築を支える「下町人情派」的な心意気のようなものは、この小さな住宅のたたずまいにも存分に感じられました。安藤氏が「長屋」という言葉を選び、その言葉にこだわった理由が、周辺を歩き回り、この建物の前に立ったときに初めてはっきりと腑に落ちたのです。

このふたつの優れた実例を支えているのは、風景や、街並や、そこに住む人々に対する親愛の気持ちであり、さらに、それを大切にはぐくむための建築的手法だと思います。

住宅を設計する建築家にも、そこに住む人にも、そうしたことがあたりまえの作法として身に付いてきたら、「ああ、いいなぁ」と思える風景が、また、日本のあちらこちらで見られるようになるかも知れません。

〈シーランチ〉附近に建つ納屋
アメリカ・カリフォルニア州

アメリカ西海岸の草原に建つ大きな納屋《バーン》。草原をわたる風に吹かれながら、納屋に見入っていると、アンドリュー・ワイエスの絵のなかにたたずんでいるような気分になります。建物の表情はあくまで質実剛健で、人に媚びたり、自分を卑下したりする気配は微塵もありません。「その土地で取れた材料を用い、その土地の技術で作り上げられた建物は、それがたとえ貧しい建物でも美しい」と、考現学の今和次郎は説きましたが、まったく、その通りですね。

〈シーランチ〉 1965年 設計＝チャールズ・ムーア他
アメリカ・カリフォルニア州

サンフランシスコから北へ160キロの海沿いの断崖絶壁に建つコンドミニアム（休暇用集合住宅）。もとは羊の放牧場だったことから〈シーランチ〉と呼ばれています。一見納屋を思わせるこの建物を設計したのは、チャールズ・ムーアを中心とする4人の建築家グループです。彼らは、アメリカの土壌から雑草とともに生え上がったような納屋や、打ち捨てられた炭坑の建物などのたたずまいに魅せられており、それら無名の建築から大きな影響を受けてこの〈シーランチ〉を設計しました。彼らの建築理念と主張は、当時の建築家たちや建築学生たち（もちろん、私もそのひとりでした）に大きな衝撃と影響を与え、「アメリカの草の根派」と呼ばれて、一世を風靡しました。

　私の中では、「風」という言葉と「旅」という言葉が密接に繋がっています。というより、旅をしていると「風」の付いた熟語が次々に頭に浮かんできて、思わずその熟語を舌の上で転がしてみることになるのです。たとえば……風光とか、風物とか、風土とか、風俗とか、風習などの言葉です。私にとって、旅とはそうした様々な「風」に逢いに行くことにほかなりません。

　これらの言葉は、私が建築や住宅を設計する上でのキーワードにもなっています。風土に適した住宅にするために、風と光をふんだんに享受できる住宅を設計したいと思いますし、風景を尊重した風情のある住宅にしたいと思うからです。そして、さらに、風雪を経るごとに美しさを増す住宅にしたいと欲張ったことを考えたりもします。

MEMO

第2章

# ワンルーム

## 建築家はワンルームの建築によって記憶される…

「建築家はワンルームの建築によって記憶される」という言葉があります。

二十世紀半ばにアメリカで活躍した建築家、エーリッヒ・メンデルゾーンの残した名言です。

私はこの言葉の「建築」を「住宅」と読みかえて、時おり思い出しては呟いてみるのですが、呟けば呟くほど、味わえば味わうほど、この言葉は滋味深く思えてきます。

住宅史の名作や傑作と呼ばれる住宅の間取り《プラン》を眺めるのは、私にとっては仕事というより実益を兼ねた趣味のようなものですが、若いころから棋譜をひもとくようにそんなことを繰り返しているうちに、あるとき、多くのものがワンルームか、厳密にはワンルームではないにしても、限りなくワンルームになりたがっているプランだということに気づきました。

たとえば、ル・コルビュジエの〈小さな家〉、ミース・ファン・デル・ローエの〈ファンズワース邸〉、フィリップ・ジョンソンの〈ガラスの家〉[28、29頁]、チャールズ・ムーアの〈シーランチ〉など、二十世紀の住宅を語る上で忘れるわけにいかないこれらの住宅は完全なワンルームですし、同じく住宅の名作といえば必ず引き合いに出される、リートフェルトの〈シュレーダー邸〉、イームズ夫妻の自邸[101頁]、日本なら丹下健三の旧自邸などは、限りなくワンルームになりたがっているプランと言えるでしょう。

では、なぜワンルームの住宅に名作が多いのか？　また、どうして住宅はワンルームになりたがっているように思えるのか？　というと、これがなかなか難しい問題で、じつは私にもその因果関係や理由を上手く説明することができないのです。

以前から気になっていたそのことを、ここで少し考えてみたいと思います。

まず、ワンルームの住宅では、住居としての用途が最小限になること、それによって規模はおのずから限られてくるということに気づきます。そこには独立した「書斎」をはじめ「来客用寝室」や「使用人室」などの付属的な部屋は、当然入り込む余地はありません。そして、その住宅の住み手はごく少人数の家族、そうでなければ夫婦か独身者に限られることになります。先ほど例に挙げたワンルームの住宅のすべてが独身者のための住宅であることは、見落としてはいけない大切なポイントです。

そしてそこが、人間の住まいに必要な最小限かつ根本的な要素だけでき上がっていることに、着目したいと思います。つまり「喰う寝るところ住むところ」をそのまま住宅にしたのが、ワンルームの住まいということになります。住宅から

「あったら何かと便利」という部屋や「ほんとうはいらない」場所などの贅肉的な部分を注意深く排除してゆき、ここまで取ったらもう住宅にはならないというところまで辿り着くと、そこに人の住まいの「原型」が顕れると言ってもよいでしょう。

建築家がワンルームの建築を設計するということは、その建築家の裸形の「住宅観」があますところなく表現されることにほかなりません。冒頭のメンデルゾーンの言葉の滋味の素は、じつはここにあるのです。

ここで、ワンルームにしたがる建築家（私です）の設計の実務について書いてみましょう。

私は住宅を設計するとき、内部の出入り口はできるだけ「開き戸」を用いずに、可能な限り「引き戸」にすることにしています。理由は、引き戸は必要のないときには壁のなかに引き込むことで、視界から完全に消すことができるからです。このことによって、室内の空気が部屋から部屋へ相互によどみなく流れ込む流動感のようなものが生まれます。そして空気ばかりではありません、引き戸を開けてしまえば仕切のない状態ですから、音も気配もゆるやかに伝わり、家中の空気が大きくひとつになるのです。

どうやら私が無意識のうちに住宅に求めているのは、この大らかに開放された空気感なのかも知れません。ワンルームにしたがる建築家と書いたのはじつはこのことです。私は、住宅をドアという名の蓋の付いた「箱」（部屋）の集合体にしたくないと考えており、住宅には何をおいても「ひとつ屋根の下」の感じと、「ひとつの空間」の感じが欲しいと思います。私がワンルームの住宅に心惹かれ、古今東西の小屋に胸をときめかす理由はここにあります。

このことは、私のなかの簡素な暮らしへの憧憬とも分かちがたく強く結びついているようです。高校生のころ読んだイギリスのユーモア小説『ボートの三人男』のなかの簡素な住まいとそこでの暮らしを小舟に積み込む荷物にたとえた次の文章を、いまだに思い出し、何度も共感をもって読み返したりしているのですから。

「がらくたは投げ捨ててしまえ。ただ必要な物だけを積みこんで――生活の舟を軽やかにしたまえ。簡素な家庭、素朴な楽しみ、一人か二人の心の友、愛する者と愛してくれる者、一匹の猫、一匹の犬、一本か二本の愛用のパイプ、必要なだけの衣料と食料、それに必要より少し多目の酒があればそれでよいのだ」（ジェローム・K・ジェローム作、丸谷才一訳）

〈ガラスの家〉 1949年 設計＝フィリップ・ジョンソン
アメリカ・コネティカット州

ワンルームの建物の傑作、フィリップ・ジョンソン設計の〈ガラスの家〉。大きなガラスの壁で囲まれた部屋のなかを壁で間仕切らず、家具を的確に配置することで、居間、食堂、台所、寝室、書斎などの部屋の用途を生み出しているところが見事です。周囲すべてがガラス張りの開放的過ぎるこの住宅に「あなた、住めますか？」と問われたら、きっと返事に窮するにちがいありません。しかし、この建物には深いところで竪穴式住居に真っ直ぐに繋がる「住宅のスピリット」が宿っていることは確かです。

BED ROOM
SHOWER & TOILET
FIRE PLACE
STUDY
LIVING ROOM
DINING ROOM
FOYER
KITCHEN
ENT.
PHILIP JOHNSON'S
THE GLASS HOUSE 1949
NEW CANAAN, CONNECTICUT

〈ヒアシンスハウス〉
1937年　設計＝立原道造
模型製作＝若林美弥子

20代半ばで夭折した詩人の立原道造が、将来を嘱望された気鋭の建築家だったこと、ご存知でしょうか。早すぎた死は、立原に実作を残すチャンスを与えませんでしたが、かわりに彼は魅力的な計画案をいくつも遺しています。その一つがこの〈ヒアシンスハウス〉。わずか4坪そこそこの小屋の計画です。自分ひとり用の小屋として構想したらしいのですが、恋人だった水戸部アサイという女性と二人で住むことも夢見ていたのではないかと私は勝手に想像します。「おまへのことでいつぱいだつた　西風よ……」の詩人が考えた小屋は、簡素ながらどこかロマンティックですよね。

〈IRIS HUT〉 1982年
設計＝中村好文 長野県御代田町

「少年は樹上に家を持ち、少女は人形の家を持つ」という言葉があります。「家」を想うとき、私の頭に真っ先に浮かぶのはこの言葉です。この言葉は、家のイマジネーションを豊かに自在に膨らませてくれます。そして「中年も樹上に家を持つ」。上の写真は、30代も半ばになったころ、私が年若い友人たちと一緒に手づくりした「木の上の家」。今はもう無くなってしまいましたが、一時期、広さ2坪に満たないこの小屋を私は別荘として使っていて、そこでビール片手に読書したり、昼寝したりして愉しんでいました。

ヘンリー・デヴィッド・ソローの小屋
アメリカ・マサチューセッツ州

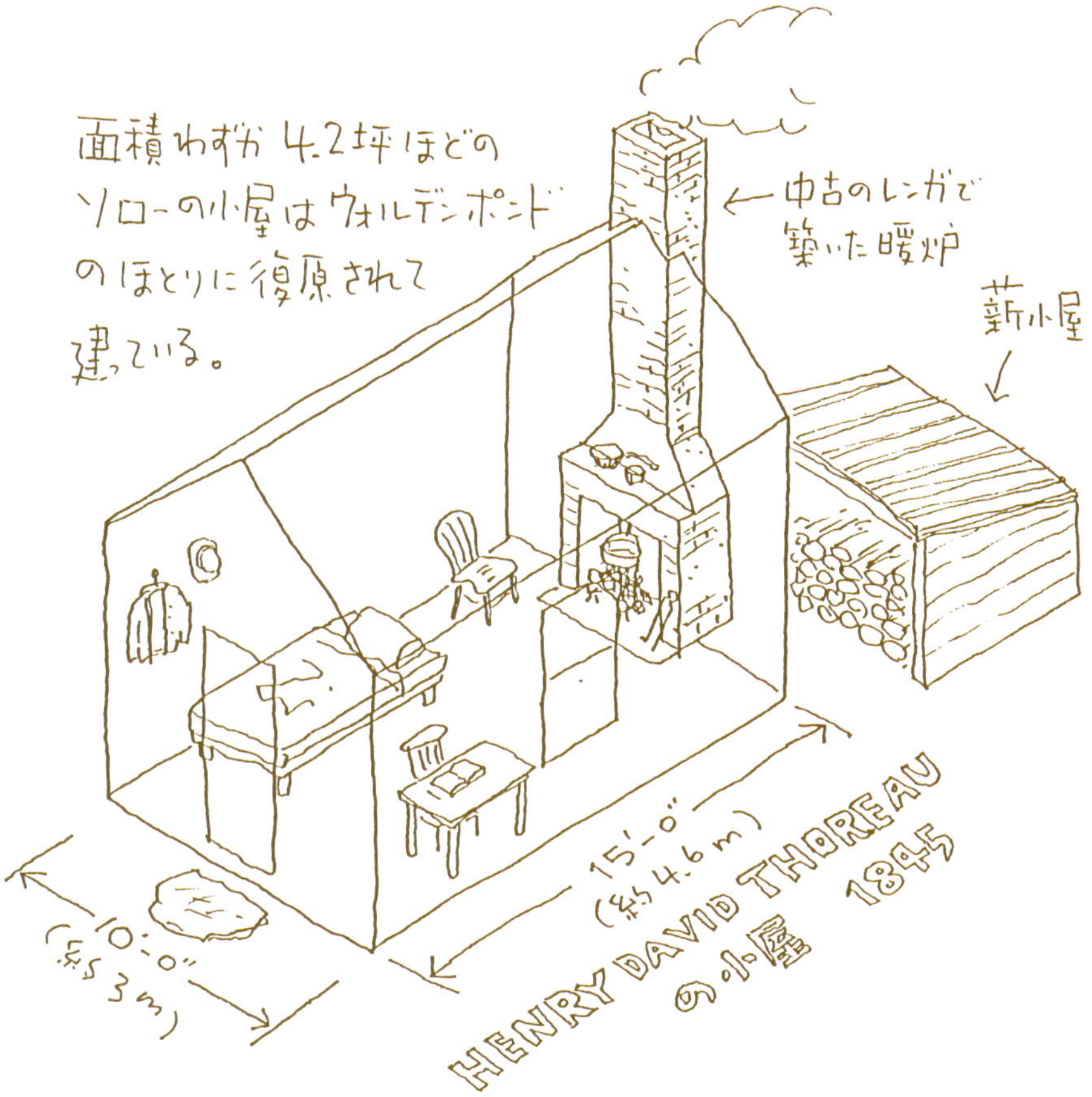


『森の生活』のゆかりの地、マサチューセッツ州ウォールデン・ポンドのほとりに復原されたヘンリー・デヴィッド・ソローの小屋。床面積を日本風に言えば4.2坪（なんと、立原道造の小屋とほとんど同じです！）のワンルームの小屋。知識人が人里離れて隠棲し、たったひとりで、あるいはもうひとりの自分と向かい合って暮らす小屋、という意味では、鴨長明の方丈に酷似しています。こういう小屋が、私のような「小屋好き人間」の琴線を容赦なくピンピン弾くのです。

〈MITANI HUT〉 1994年 設計＝中村好文
長野県松本市

木工作家のヘンリー・デヴィッド・ミタニ、じゃなかった、三谷龍二さんの住む小屋。もともとは物置だったところを増改築して最小限住宅にしたものです。住宅に必要なものすべてを、このコンパクトな空間に詰め込んで設計しました。「これで充分住める」と思うか「こんなんじゃ住めない」と思うかで、私には、その人の住宅観、もっと言えば、人生観までが分かる……ような気がしています。

建築家、清家清さんの自邸〈私の家〉が完成したのは1954年ですから、もう半世紀前のことになります。この住宅は、ワンルーム住宅の傑作中の傑作で、その見事な平面計画は今でもちっとも色褪せることがないばかりか、新鮮な驚きと発見に満ちています。昨年、私はこの住宅を訪ね、清家清さんにもお目にかかって色々お話をうかがいました。清家さんは飄々とした仙人のような方で、ニコニコ顔で語られるそのお話もどこまでが真面目でどこまでが冗談なのか分からず、どう受け答えしたらいいか、実はちょっと困りました。ワンルームの自邸に関する清家さんご自慢の駄洒落は「この家は室内から庭まで石貼りの床が繋がっているので靴のまま出入りができて便利だったけども、枯れ葉や、砂ボコリや、虫なんかも遠慮なく入って来ちゃうので困った。どうかすると犬なんかもどんどん入って来ちゃうんだ……で、これがホントのワンルーム!」というものでした。

MEMO

第3章

# 居心地

とっておきの居心地を
家のなかに…

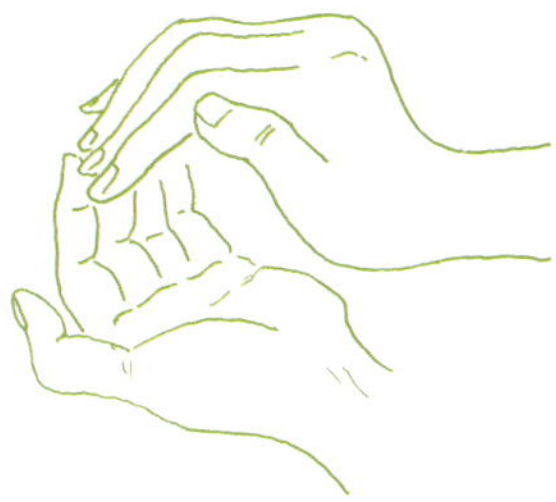

とっておきの居心地を家のなかに見つける能力にかけては、とても犬や猫にはかなわないという気がします。

　彼らはその場所を見つけるために、文字どおり動物的なカンを働かしているのですが、それ以上に、居心地のよさを愛することにかけて、きっと、人後に落ちないという自信とプライドがあるに違いありません。

　私の育った家は、その地方ではごく一般的な茅葺き屋根の小さな田舎家だったのですが、居心地に対するカンが動物並みによかった子供のころ、私は、季節に応じ、天候や時刻に応じ、またそのときの自分の気持ちに応じた家のなかの居心地のよいとっておきの場所に精通していて、的確に、そして確実にその場所を独り占めにして過ごしていたものです。

　それはたとえば、蒲団を具合よく案配すれば潜り込めた押入であり、午後になると、ちょうど合歓木《ねむのき》の木陰になる家の西側の縁側であり、ミシンの袖板の下の極小空間であり、浜風の通り道になっていた勝手口の上がり框などでした。

　今書いたのは、子供のころ私が発見した居心地のよい場所の話ですが、古今東西の建築が、居心地のよい場所や空間装置の名作をたくさん生み出してきたことも、ここで忘れずに書いておかなくてはいけません。

　たとえば、日本なら縁側や炬燵、そして茶室などがそれですし、韓国には床を飴色の油紙で仕上げたぬくぬくとしたオンドル部屋や、マルと呼ばれる半屋外の大変気持ちのよい板の間があります。ヨーロッパで、まず最初に私の頭に浮かぶのはイングルヌックと呼ばれる暖炉を囲む押入のような小部屋ですが、ほかにも、修道院の僧坊の窓辺に造りつけられた読書に最適なベンチなど、居心地という言葉から浮かび上がってくる魅力的な場所は、数え挙げるときりがありません。

　家のなかに、自分だけのとっておきの居心地のよい場所を持てる、あるいはそういう場所を見つけ出せるというのは、住まいの愉しみのなかでは、すこぶる大きなものだと思います。

　そして、そのことを住宅を設計する建築家の側から言えば、知恵を絞り、工夫を凝らし、家のなかに居心地のよい場所や装置をそれとなくしつらえておくことと同時に、そこに住む

〈秋穂のアトリエ〉 1987年
設計＝中村好文 山口県山口市

人の居心地に対する想像力をかき立て、使い勝手の工夫や、その人ならではの感性と見立て次第で、心豊かになれる場所が発見できる、できるだけ融通無碍なふくらみを持った家にしておくことが大切だということになるでしょう。

突き詰めれば、住宅というものは、あまり洗練しすぎたり、純化しすぎたりしないで、適当に「曖昧な場所」を残しておく方が住み手にとっては自由度もあり、堅苦しくなくてよい、ということになるのかも知れません。しかし、世の中には、ガラスの神殿のような住宅をつくりたい建築家と、そういう神殿住宅に住みたいと願う奇特な住み手もいますから、それはそれで、大いに結構。私は、そこに口を差し挟む気は毛頭ありません。

ガストン・バシュラールは『空間の詩学』という本に「屋根裏部屋は夢想を育み、夢見る人をかくまう」と書きましたが、私としては、家のなかには、自分の夢をはぐくむ場所、一人で心おきなく夢想に耽ることのできるとっておきの空間やほの暗い片隅をぜひとも持ちたいものだと思っています。

〈シーランチ〉の各戸には、その家だけの、とっておきの居心地空間が用意されています。ここは、サンサンと射し込む陽光を浴びながら海を眺めるための部屋。サンルームと呼ぶより、「洋風縁側」と呼びたくなる居心地よさそうな場所で、二人の女性が無言で海を見つめている様子を、羨望のため息まじりに描いてみました。

〈シーランチ〉はアメリカ・カリフォルニア州の海岸に建つコンドミニアム（23頁参照）

〈NISHIHARA HAUS〉 1995年
設計＝中村好文　東京都新宿区

このわずか一畳の読書室は、私がこれまでに設計したなかでもっとも狭い部屋です。もともと階段室上部のこの空間を吹き抜けにする計画だったのですが、工事中にふと思いつき、急遽、設計変更して読書室に仕立てたのです。押入や机の下など狭いところに潜り込んでみたくなる子供のころからの持病が、突然再発したとしか言いようのない脈絡を欠いた直感的決断でした。さいわい、心優しい住み手はこのスペースを気に入ってくれ、存分に活用してくれています。もしかしたら、「同病」だったのかも……。

〈O夫妻の家〉1998年
設計＝中村好文　千葉県市川市

休日の午後に、のんびり読書のできる縁側の日溜まりがあったらどんなに幸せだろう！　そんな他愛のない夢も、持ち続けているうちに実現のチャンスが巡ってくるのは、建築家だけに許された特権かも知れません。若い心理学者夫妻の住むこの住宅は、職業柄、本の収納場所を確保することが設計の大きな課題のひとつでした。寝室棟と居間棟をつなぐ長い渡り廊下の片側全面に本棚をしつらえ、庭に面する建具には背表紙の退色防止のため、紫外線カットのガラスを入れました。そして、その本棚の中央部をくりぬいて革張りベンチを設け、読書のための場所(ニッチ)としました。じつは、ここは私のお気に入りの場所で、訪れるたびにちょこっと腰掛けては〝縁側の〟読書の愉しさを味わってみています。

「心地」というのはなかなかいい言葉ですね。
「住み心地」にしても「座り心地」にしても、ちょっとほかの言葉に置き換えられないニュアンスがあります。そう、そう、「夢見心地」なんて言葉もありました。これなんかも、ほかの言葉にするのはとても難しそうです。ところで、「心地」のつく言葉で私が一番好きなのは、やはり「居心地」です。居心地のよい場所にいたいという思いは、居心地のよい空間を作りたいという欲求に真っ直ぐに結びついて、いつのまにか私は住宅建築家になっていたのでした。

建築の設計は、工学的な専門知識を身につけ、経験を積み、建築的な思考を論理的に積み上げたり深めたりすることである程度のところまでいけるものですが、こと居心地を生み出すことに関しては、そういう勉強がまったく役に立ちません。必要なのは動物的な勘だけ。立派な理論も理屈も通らないだけに、建築家のセンスと本当の力量が露呈するところです。そう考えると、ちょっとこわいですね。

MEMO

第4章

# 火

## 太古より、住まいの中心には火が…

太古より、住まいの中心には火があったことを、私が憶えているはずはないのですが、脳髄のどこか古い皮質にそのことがしっかり刷り込まれているらしく、「住まいとはそこに火があるところ」という固定観念が、どうしても私から抜けません。

私の設計する住宅に、とくに住み手からの要望がなくても、火を焚くことのできる暖炉やストーヴをしつらえてみたくなるのは、もしかしたらこうした遺伝子にかかわる深遠な事情が影響しているのかも知れません。

しかし、そういう人類の祖先からの遺伝子なんか「ぜーんぜん、受け継いでないと思う」というタイプの人でも、部屋の灯りを消し、暖炉と向かい合って静かに燃える炎を見つめ、薪のはぜる音に耳を澄ましていたら、私たちの先祖である太古の人類が竪穴住居のなかで感じたのと同じ深い安堵と、体の芯から沁みだしてくる大きな安心感を感じるにちがいありません。

話をなにも竪穴住居にまでさかのぼらずに、ちょっと考えるだけでも、ウォールデン・ポンドにあるヘンリー・デヴィッド・ソローの小屋にしろ、トレドにある画家エル・グレコの家にしろ、シェーカー教徒の居室にしろ、高村光太郎が晩年に独居自炊していた小屋にしろ、いつのころからか私の心に住み着いている家の中心には、必ずどこかに火と親密に付き合うための特別な場所がありました。そしてそれが、暖炉であり、囲炉裏であり、竈《かまど》でした。

二十世紀の名作と呼ばれる住宅もまったく事情は同じです。

ここ数年、私はそうした住宅の名作をヨーロッパ各地とアメリカ・メキシコを巡って訪ね歩く旅を続けており、これまでに見学してきた住宅は三十軒を越えますが、そのうちで暖炉のない家は、なんと、たった三軒でした。もちろん、このことだけで「よい住宅には、暖炉が必要」あるいは「暖炉がないと、よい住宅にならない」という結論にはなりませんが、少なくとも建築史を飾る住宅のほとんどに暖炉があったということは、住宅の祖型を考える上で大きなヒントになるにちがいありません。

ではなぜ家のなかにある「火」または「炉」は、よい家のために寄与するのか、そのことをもう少し考えてみましょう。

ウィーンの美術史美術館や自然史博物館の設計者として知られるゴットフリート・ゼンパーという十九世紀に活躍した

建築家は、著書のなかで「建造物における四要素」について書きました。その四要素とは、「囲い」、「炉」、「屋根」、そして「壇」でした。この四つの要素の妥当性について語る学識は私にはありませんが、そう言われてみると、なんとなく「そうにちがいない」という気がします。

屋根で覆われ、壁で囲われた家のなかに炉をしつらえた壇を築き、その炉を家族が囲んで暖を採る。そしてまた、炉は調理のためになくてはならない「住処の設備」でもあります。そこは台所であり、食堂となり、ぬくもりのあるくつろぎの居間にもなったでしょう。つまり、人の住む「家」となったのです。

これを書いていて思い出したのですが、暖炉のことを英語では、火のある場所、「fireplace」と呼びますが、ほかに「hearth」という言葉もあります。この言葉は、普通「炉」または「炉辺」と訳されますが、辞書を引いてみるとそこに「家庭」という意味もあるのです。このことは私にはとても暗示的なことに思えます（辞書のなかで「hearth」が「heart」の後に並んでいることすら、とても暗示的に感じられます……）。

話変わって。

台所の設計の打ち合わせのとき、施主《クライアント》から、熱効率が非常にいいし、何より安全だから、という理由で「電磁式のレンジにしてみたいけれど、どう思いますか？」と聞かれることがあります。そして私はたいがいの場合、その電磁式に反対し、ガスレンジのほうをお薦めすることになります。理由は、中華などの炒め物のとき火の勢いが欲しいからですが（じつは、中華というのは火の勢いというより油の温度だという説もあり、これは説得力のある理由にはなりません）、賛成できない本当の理由は、どうやら私のなかに、台所には正真正銘の火が欲しいという潜在的な欲求があるためで、電磁レンジでは「住まいとはそこに火があるところ」という私の定義が成立しなくなってしまうからです。

もちろん、話し合いによって、それが電磁式に決まることもあります。

そして、そのとき、私はこう言うことにしています。

「では、食卓には、忘れずにキャンドルを灯して下さい」

スウェーデンの建築家、グンナール・アスプルンドの夏の別荘にある大きな暖炉。階段の途中に腰掛けて、火を眺めたり薪の世話をしたりすることができます。北欧ということもありますが、白くて丸っこい形から、私は「ムーミン」を連想します。この「ムーミン」に会いたくて、そして、その丸っこい形を自分の手のひらで撫でてみたくて、私は、はるばるスカンジナヴィア半島の先端まで出掛けて行きました。

〈夏の家〉 1937年
設計＝エリック・グンナール・アスプルンド
スウェーデン・ニーネスハムン市ステンネース

イタリアとの国境にほど近いスイスの小さな村に、その地方の民家を大変美しくモダンに改修して住んでいる友人がいます。20年ほど前、その友人夫妻を初めて訪ねたとき、家にあった「入込み暖炉《イングルヌック》」を見て、そのぬくぬくとした巣箱のような小空間にたちまち魅せられ、身も心もとろけてしまいました。厳冬期に、暖炉ひとつでは部屋中を暖めきれないので、暖炉のまわりを小さく囲うことにしたのが、イングルヌックです。この、「押入」のなかに「囲炉裏ばた」を持ち込んだような何ともいえない親密な空間を、私はすっかり気に入ってしまい、写真の山荘のように、機会あるごとに設計に取り入れています。

〈清水高原の家〉 1991年
設計＝中村好文 長野県山形村

暖炉には暖を採るという本来の目的のほかにも効能があります。たとえば、暖炉の火に照らされた人の表情がいきいきと輝いて見えることなどは、そのひとつと言えるでしょう。こう書くと、ヘレン・メリルのハスキーヴォイスと You'd be so nice by the fireの一節を思い出す方もいるかもしれませんね。暖炉の火を囲む人たちのほっくりとした空気と一緒に親密な気配にも包み込まれる様子が、この歌詞に見事に表現されているように思います。

もちろん、暖炉の火は複数の人間を愉しませるだけではありません。堀辰雄は『妻への手紙』という本の中でこう書いています。「小屋に帰つてから、しばらく急に一人ぽつちになつちやつて淋しくつて仕様がなかつたが、火を焚いてゐるうちに、漸く気もちが落ち着いてきた、アミエル流にいふと焚火がいろいろなことを僕に話してくれるからなのだらう、それは思ひ出であり、夢想であり、悲しみであつたり、よろこびであつたりする、いづれにしても、快いものばかりである……」

ただし、少々欠点もあります。この手紙の次の日に堀辰雄はこう書いているのです。「やはり目がすこし痛い。きのふあんまり火ばかり見守つてゐたせいだ」

もうひとつ、これはちょっとした欠点（しかも私だけかもしれません）ですが、暖炉を焚いていると、ついお酒が恋しくなって飲んでしまうこと……それも……少し多い目に。

MEMO

第5章

# 遊び心

遊び心もまた…

遊び心もまた、住宅設計にたずさわる建築家が身につけていなければならない素養の一つかも知れません。

住宅は、もちろん合理的で機能的な方がよいのですが、だからといってそれが一切無駄のない、謹厳実直、実用一点張りのただの箱だったら、何だかつまらないじゃありませんか。

家の一部にアクセントのように設けられた愉快な工夫や、ちょっとした仕掛けなどの「遊び心」は、会話のはしばしのユーモアのようなもので、日々の暮らしに潤いを与え、そこに暮らす人を愉しませ、またその気持ちを和ませてくれるからです。

使うたびに思わず微笑みがこみあげてくるような愉快な細部を考案することは、じつは、建築家にとっても腕の見せどころであり、ちょっとした役得のようなものだと私は考えています。

このことを私がはっきり意識したのは、アメリカ東部にあるシェーカー教徒の村を訪ね、彼らの建築や住まいをつぶさに観察するようになってからでした。

一種の踊る宗教だったシェーカー教徒は、さぞ狂信的でエキセントリックな人々だと思われそうですが、意外なことにそうではありません。体を激しく痙攣させて踊り狂う集会を除けば、彼らの生活は規則正しく、静穏そのものだったそうです。日々の仕事も暮らしも一種の祈りと考えられていて、そこでは、何をおいてもまず合理性と機能性、そして有用性が尊ばれたといわれています。そして、いくぶん発明狂的な傾向と穏やかなユーモアのセンスも持ち合わせていた彼らは、建築にも家具にも様々な愉快な創意工夫を盛り込んだのでした。

57頁のイラストでご紹介するのは、彼らのそうした住まいの工夫の一例です。

ここで、私が設計した住宅の細部の仕掛けをふたつほど紹介しましょう。どちらもどことなくシェーカー的で、初めて見る人が思わず微笑む仕掛けです。

ひとつは、「昇降式のモノホシ竿」。

この装置は、中年のご夫妻と男女二人の子供、そして母上の五人家族が住む家の家事室に設置したものです。ご夫婦ともども学校の先生で日中は仕事ですし、留守中に家で洗濯物干しを担当している母上は小柄な方。さらに、家の周辺は畑で風が吹くと砂ぼこりが舞う場所柄という条件から、洗濯物を簡単に干したり取り入れたりするための工夫がどうしても必要でした。

私は設計当初からこの物干し問題を何か愉快な方法で解決したいと考えていましたが、家事室の上部を吹き抜けにして、屋根に開閉できる大きめの天窓を設け、私と同様にこうした仕掛けの好きな発明狂の友人と相談して電動で上げ下げできるモノホシ装置を考案したのです。洗濯物を干すときは作業しやすい高さまで下げておき（少し腰の曲がりかけている母上が無理な姿勢をしなくても干せます）、スイッチを押せば［左下］、洗濯物は、空気の対流圏で室温の一番高くなる吹き抜け上部にスルスルと昇っていきます［左中］。二階は寝室階ですから、吹き抜けに面した二階の窓から乾いた洗濯物がいとも簡単に取り込めるという便利なおまけ付きです［左上］。

もうひとつは、私の自宅にしつらえた「空中廊下」［58、59頁］。この空中廊下は階段室上部に設けた本棚に本を取りに行くときや、そこで選んだ本を読んだりするときに使っています。

もともとは、室内に大きく露出していたコンクリートの無骨な柱と梁の処理に困り、苦肉の策として本棚を載せることにしたのですが、そこに辿り着くためには可動式の空中廊下が必要だったのです。空中廊下は引き出し式と跳ね橋式の二通りの組み合わせでできていて、操作はいたって簡単、首尾上々。吹き抜けにあれよあれよという間に廊下が出現し、そこを渡った奥には、大人一人がすっぽり籠もれる読書用のベンチが本棚のなかに待ち受けているという趣向です。

遊び心を建築的な装置に変換して実現させること、私のこのかけがえのない愉しみを陰で「建築家の道楽」と呼ぶ人もいるようです。

〈山村ハウス〉 2003年
設計＝中村好文 千葉県木更津市

20世紀初頭にイギリスで活躍した人気挿絵画家、ウィリアム・ヒース・ロビンソンの考えた「夜泣きする子供に煩わされないで安眠するための寝室の装置」。ヒース・ロビンソンの様々な仕掛けを描いた愉快なイラストレーションは、大真面目で、大げさで、人を喰ったイギリス的なユーモアに溢れています。時おり、無意味な仕掛けに没頭し、熱中してしまうことのある私は、もしかしたら、ロビンソンおじさんの遠〜い親戚にあたるのかも知れません。

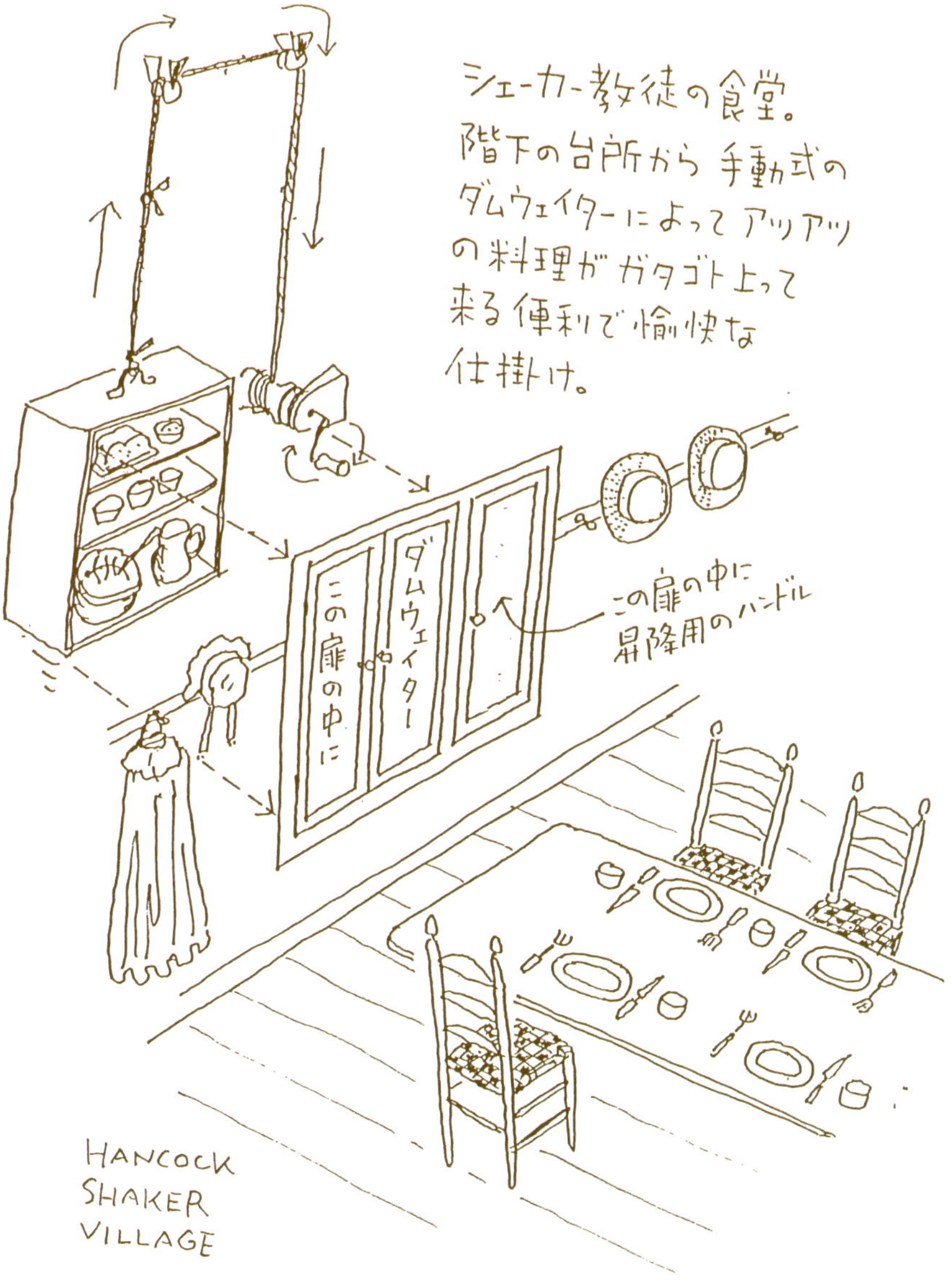
シェーカー教徒の食堂。
階下の台所から手動式の
ダムウェイターによってアツアツ
の料理がガタゴト上って
来る便利で愉快な
仕掛け。
ダムウェイター
この扉の中に
この扉の中に
昇降用のハンドル
HANCOCK
SHAKER
VILLAGE

シェーカー教徒は生活の創意工夫が大好きな人達でした。洗濯ばさみのような小物から、水力式の大型洗濯機にいたるまで、様々な発明品があり、驚くほど沢山の特許を取得していました。そして大切なのは、そのすべてが、日々の暮らしを慈愛を込めて見つめる眼から生まれたことです。このことを、しっかり心に留めておかなくてはなりません。

どこの家でも階段室の上部は、この写真のように吹き抜けになっています。スペースを有効に利用するため、私の家は本棚をその吹き抜けの側面に出っ張っていた大きな梁の上に載せることにしました。そうしたことで、本を取りに行くための可動式の空中廊下を考案しなければならなくなったわけですが、こうなると、生来の「仕掛け好き、工夫好き」の血が騒ぎだします。

〈久が原のすまい〉　2002年
設計＝中村好文　東京都大田区

まず本棚の腰パネルをカラカラと引き出します。このパネルはL型になっていて、一体になった一人用の廊下も出て来ます。引き出した腰パネルは吹き抜けに落ちないための手摺に早変わり。

その廊下を渡り、今度は二枚の跳ね橋式パネルをパタン、パタンと順に下ろします。これで空中廊下のできあがり。途中で本を選び、いそいそと奥の読書ベンチに籠もりに行くことができます。

腰パネルと一体の廊下は、階段幅の約半分。つまり、空中廊下が出ていても階段の残り半分が使え、上下階を行き来できるのがこのアイデアのミソ。どうです、いいでしょう？

建築の設計や家具のデザインをしていると「あそび」とか「あそばせる」とかいう言葉が頻繁に出てきます。「ここはキチキチに作らずに少しあそばせておかないとね」といった具合です。建築なら木製建具の枠の部分、家具なら抽斗など、主に可動部分にいくらか余裕を持たせておくという意味でこの言葉をつかうのですが、実感を的確にすくいあげた巧い表現だと思います。

ところで私は、人生というものも喜怒哀楽や日常茶飯をまるごと放り込んだ抽斗だと考えているようなところがあり、そういう意味で、やはりあそびを大切にしたいと考えています。この場合のあそびとは言うまでもなく心の余裕のことです。私は、規則や規律にがんじがらめ、計画や予定がキチキチ、というのではなく少しばかりルーズにしておきたいタイプなのです……と書きながら、このところ早朝から深夜まで仕事漬けの毎日で、ギッチリ詰め込んだ予定がこなせなくて四苦八苦していることに思いあたりました。

いけない、いけない、原稿もこのへんにしておいて、自分をちょっとあそばせないと……。

MEMO

第6章

# 台所&食卓

## 美しく散乱する台所、あるいは……

美しく散乱する台所、あるいは多少の散乱ぐらいでへこたれない大らかな台所が、私の理想です。

料理には段取りと手順があり、それを手際よくさばいていく一連の流れは「待ったなし」の一瞬一瞬を積み重ねていく作業です。一種の反射神経のようなものも要求されるその仕事の最中、飛び散る油や、吹きこぼしや、ソースのはねるのをいちいち気にして心を痛めていたのではとても料理にはなりません。それに、もし油が飛び散らないようにしたって、下拵えのための鍋やボールや皿小鉢はせわしく出たりひっこんだりするし、まな板の上には肉、魚、野菜などの食材が次々に載せられては、切断され、さばかれ、叩かれ、刻まれ、その切り落としだって山のように出るわけです。「稼ぐに追いつく貧乏なし」なんて言いますが、「料理に追いつく片づけなし」で、結局のところ、かなりの整理魔、片づけ魔でも勢いのある料理の、散らかるスピードには追いつけないものです。

台所は小さな戦場、あるいは修羅場だと考えておいたほうがよさそうだ、というのが経験から学んだ私の「台所観」です。

そんなわけで、あちらこちらに主婦の心をくすぐるアイデアや工夫を満載した美しいシステムキッチンが相変わらず根強い人気を持っていても、それを私の設計する住宅に採用する気持ちにはとてもなれません。隅々まで磨きたてられ、整然と整理整頓され過ぎているシラッとした写真を見るだけで、台所は、散らかすことを気にせず笑顔と鼻歌まじりで愉しく料理をつくる場所、と考えている私には、なんだか腫れ物に触るようで、せっかくの明るい料理気分がヒンヤリ冷えてしまうからです。

私の設計する住宅の台所は、ステンレスのシンクはもちろん扉の取っ手に至るまですべて特注製作して、その家庭の食生活とそこで料理する人にピッタリの台所を目指しているのですが、それでもこの「散乱」という言葉はなかなか使えるものではありません。家を新築するとなったら、どの家庭でも今度こそは整然と美しく暮らそうという、ひそかな決心があるからです。心ある建築家として、そこを逆撫でするのは

「いかがなものか」と思うのです。やはり、台所というのは主婦に限らず、そこで料理するすべての人の聖域といえるような場所なのです。

ほかにも、主婦相手に、あんまり使いすぎてはいけない言葉があると、ハウジングメーカーの設計担当の人から聞いたことがあります。それは「合理的」と「機能的」という言葉だそうです。私たち建築家が好きで、時おりお題目みたいに唱えているこの言葉も、それだけで話を進めていると無言の抵抗にあい不幸な結末を招く、とその人は言うのです。やはり「便利」とか「お得」とか「地球に優しい」とか「素敵」とかいう言葉を、随所に、かつ効果的にちりばめる「話芸」のひとつもないとねぇ、というのが百戦錬磨のその人の貴重なアドヴァイスでした。

さいわい私は、これまで話の分かる依頼者《クライアント》に恵まれてきており、残念ながら台所の設計に関しては、せっかく教わったその「話芸」を発揮する機会がありません。というのは、その話の前にまず私のアトリエの様々な工夫を盛り込んだ散乱対応型の台所［66、67頁］を見てもらうようにしており、それがどうやら無言の説得力を発揮しているらしいのです。

鍋釜をはじめ調理道具の多くが露出していて、いつでもシェフ待ち状態の台所は、見ようによっては雑然と散らかって見えますが、見方を変えれば活気に満ちていると言えなくもありません。画家や彫刻家の住宅などを想像してもらえればお分かりいただけると思うのですが、アトリエという空間に特別な魅力を感じたりするのは、そこが真剣勝負の制作の場であることが一目にして了解できるからです。台所も一種の制作の場、すなわちアトリエと考えれば、その場所は生き生きしたモノ作りの雰囲気に包まれていて欲しいと私は思います。

それはもう台所だけの問題ではなく、「住宅」は、人の営みの暖かい息遣いが感じられる場所であって欲しいという、私の潜在的な願いのようなものかもしれません。

自宅の台所で魚をさばく檀一雄　1961年

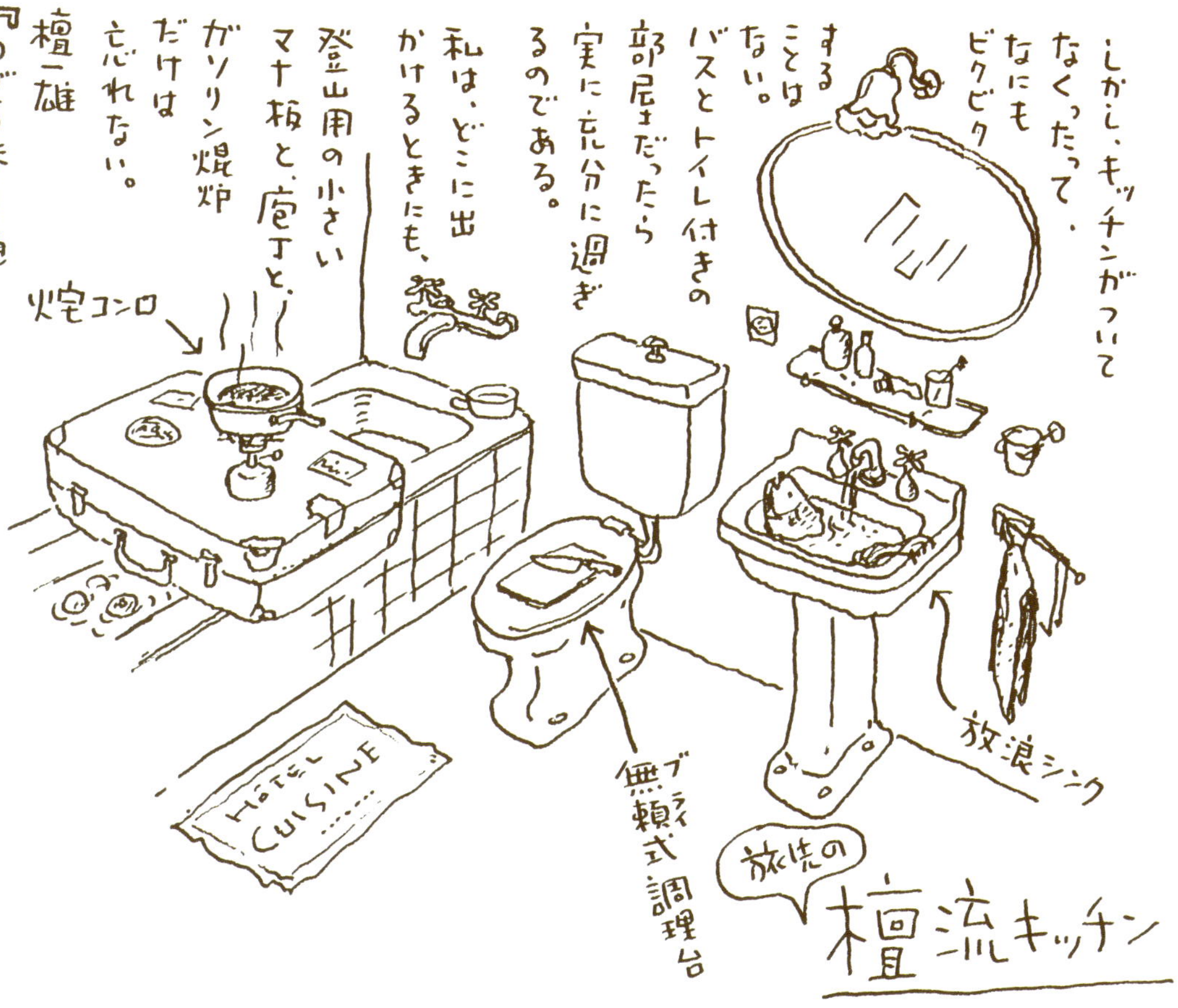
しかし、キッチンがついてなくったって、なにもビクビクすることはない。バスとトイレ付きの部屋だったら実に充分に過ぎるのである。私は、どこに出かけるときにも、登山用の小さいマナ板と、庖丁と、ガソリン焜炉だけは忘れない。
檀一雄『わが百味真髄』より
火宅コンロ
HOTEL CUISINE
無頼《ブライ》式調理台
放浪シンク
旅先の
檀流キッチン

作家、檀一雄の料理人ぶりはつとに有名でした。しかも檀さんは、家庭料理の指南書ともいうべき『檀流クッキング』という素晴らしい本も残しました。私も、この本を調理台の傍らに置いて、檀流の料理をいくつ作ってみたかわかりません。料理好きの檀さんがどんな包丁さばきで料理していたのかそれが見てみたかったと言ったら、編集部がこんないい写真を探し出して来てくれました。イラストは、檀さんは旅先でもまな板、包丁、ガソリン焜炉を持ち歩いていて、ホテルのバスルームでも料理することをエッセイで知り、想像で描いてみたもの。

独立してから、今までに４カ所ほど仕事場を変えて来ましたが、私はその４カ所全部の台所を、改造したり作り直したりしてきました。右は現在のアトリエの台所で、これまで積み上げてきた経験の集大成のつもりで設計したもの。毎日、愉しみながらしている台所仕事が、そのまま設計に繋がっているのです。

料理は一瞬一瞬が勝負。これは調味料やスパイスが一目瞭然に分かる上、取り出しやすい斜め置きの抽斗。工夫は必要から生まれるものです。

皿を立てて収納できる抽斗は随分便利です。取り出すときに気を使わなくていいし、ザラザラした糸底が重ねた皿の表面をキズ付けたりすることもないからです。

阪神大震災では開き扉式の吊戸棚の食器が床にぶちまけられて割れた、という恐ろしい話があります。以来、私は食器棚をすべて耐震式の引き戸にしています。

ランチの料理当番は通常二人。毎日している仕事なので、メニューさえ決まれば、特に役割分担を決めなくても阿吽の呼吸で作業は手早く進みます。

特製の台形のまな板はシンクの縁にピッタリはめこんで固定できます。野菜も魚も、切り落としは右に左に遠慮会釈なくシンクの中に払い落とせるのがミソ。

「さぁ、出来上がり〜、美味しそうだぞ〜」。今日のメニューはバジル入りのスパゲティ・ボンゴレとクレソンサラダ。それに、よく冷やしたプロセッコ。

〈レミングハウス〉の台所
2000年　設計＝中村好文
東京都世田谷区

料理ができたら食卓を囲んでにぎやかにおしゃべりしながら食事をしたいものだと私は考えます。その食事も、黄昏を過ぎればアルコール飲料が欠かせないたちですから、つい談論は風発し、愉しさはいや増すわけです。気の置けない友人たちと、あるいは、アトリエのスタッフと囲むこうした食卓の雰囲気を的確に表現するとしたら「団欒」という言葉が一番似つかわしいかも知れません。

「団欒」といえば、だれもがまず想い浮かべるのが「一家団欒」という言葉ではないでしょうか。話はいくらか堅苦しくなりますが、ここでは、しばらくこの言葉をめぐって考えてみたいと思います。じつは昨今、この「一家団欒」が建築界ではちょっとした論議の的になることがあり、「住宅とは何か」を考える際に、避けて通れない関所になっているからです。

その論議とは、片や「住宅とは、家族がひとつの食卓を囲み、一緒に食事をする場所である」と定義する「一家団欒派」があり、他方、この意見に真っ向から反対する「一家団欒ナンセンス派」がいることから巻き起こります。「一家団欒派」の意見は、今さら説明するまでもないと思いますが、「ナンセンス派」側の言い分は次のようなものです。

近年、とくに都市部では家族像の変化は著しく、時間的にも、気分的にも家族が一堂に会して和やかに食事をする機会は非常に少なくなった。食卓を囲む一家団欒なんて、もう、とっくに過ぎた昔のものである、という考え方です。そして、一家団欒などという幻想にとらわれずに社会現象を直視し、その状況を反映した住宅の間取り《プラン》の提案がなされなければならないと、高らかに主張するわけです。

また、ひとつ屋根の下に住む人たちを結びつけているのが、核家族という単位だけに限定されにくくなったという事情は、「一家団欒派」の「住宅とは、家族が食卓を囲んで一緒に食事をするところ」という定義に揺さぶりをかけ、形勢を不利にしているように見かけられます。未婚のカップルが住む住宅もあるし、友人同士で住む住宅もある、ゲイの夫婦の住む住宅もあれば、二世帯、あるいは数世帯同居の住宅もある、というわけで、「住宅＝核家族の容器」とはさすがに言えなくなってきたからです。そして、そのどれもが確かに「住宅」なのですから、話はやっかいです。

住宅の設計をする場合、まず居間・食堂・台所というパブリックスペースを確保し、それにプライヴェートスペースである寝室を何部屋か付随させる、つまり3LDKとか4LDKという間取りを無意識に下敷きにすることが多いのですが、その考え方が、じつは、戦後アメリカから入ってきたモダンリヴィング（これは核家族のための住まいのお手本でした）の文法であり、核家族があってはじめて成立するものなのです。いっしょに暮らす共同生活者が、夫婦とその子供たちを単位とする核家族でないことも充分ありうる、と考えると、確かに住宅のあり方は大きく変わらざるを得なくなりそうです。と、ここまでは「一家団欒」の是非を巡る論議の背景です。

このことを念頭に置きつつ私は考えます。ひとつ屋根の下に棲む人（この場合、核家族でなくてもOK、ゲイの夫婦でもOKです）が、そこで料理しそこで食べるなら、そしてもし、その食事が度重なり習慣となるなら、その場所を住宅と定義してもよいのではないかと。

ここで思い出すのは「喰う寝るところ住むところ」という言葉です。あるいは「寝食を共にする」という言葉です。そこで食べてそこで寝ることが習慣になれば、「棲みか＝住宅」が生まれる、とは言えないでしょうか。

犬などが、見つけた餌をくわえてイソイソと縁の下などの自分の居場所へ帰って行き、そこで心おきなくその餌を食べる、そして満腹するとその場所で眠り込んでしまう。人間の「棲みか＝住宅」の原初の形も、それに酷似したものではなかったかと私は想像します。

私のアトリエで、スタッフが手分けして料理し、大テーブルを囲んでにぎやかに食事するとき「団欒感」が漂うことは最初に書きましたが、じつは、漂うのはそれだけではありません。そこに私は「疑似家族感」のようなものが漂っていることも感じるのです。とくに、夕食をいっしょにしているときなど、ふと「ここに、このまま皆が寝られる場所があれば、もう住宅と呼んでもいいんじゃない」という声が耳元で聞こえるような気がすることがあります。

〈レミングハウス〉の食卓

アトリエの昼食風景。普段は5、6人、多いときは7、8人になるので、料理を大皿に盛り、各自取り分けて食べる相撲部屋方式。食事の時間は所長、所員、アルバイトの区別はなく、全員平等のくじ引きで、買い出し、料理、食後のコーヒー、皿洗いの各役割が決まります。

ノーマン・ロックウェル《窮乏からの自由》
1943年 油彩、カンヴァス 116×90cm

ノーマン・ロックウェルが描いた和やかな食卓の情景。たくさんの笑顔が食卓を囲み、にぎやかなお喋りの輪のなかに、この家のおばあちゃん（たぶん）が、心を込めてつくったアツアツの自慢料理を運んでくる様子が慈しむような筆致で描かれています。

15年ほど前から、アメリカ東部に現存するシェーカー教徒の村々を訪ねる旅を繰り返しています。建築や家具はもちろん、労働のための道具や生活用具のひとつひとつに彼らの簡素で合理的な暮らしぶりを重ね合わせて見ていくことが、私にはたまらなく面白く、またそこから学ぶことが多いのです……というようなことを、たびたび言ったり書いたりしてきたので、では、どこに行けばいいの? 何を見たら面白いの? とよく聞かれます。

シェーカーの見どころは沢山ありますが、もし、住まいと暮らしに関心があり、料理や調理道具に興味のある方だったら、私のイチ押シは、ハンコック・シェーカー村(マサチューセッツ州ピッツフィールド)にある居住棟の台所です。半地下にあるとは思えない明るく広々とした室内に、煉瓦で築いた巨大な竈があったり、手押しポンプがあったり、手回しのリンゴの皮むき機をはじめ様々な美しい調理道具が並べられたりしていて、それをただ眺めているだけでワクワクしてくること請け合いです。台所の真上の階は、食堂になっていて、そこには手動式のダムウェイターで出来たての料理を運び上げることができます [57頁]。こういうちょっとした愉快な仕掛けが、また、泣かせるのです。

百聞は一見に如かず。機会をつくって、ぜひ、見学してきてください。

MEMO

第7章

# 子供

## 子供の夢をはぐくむ家…

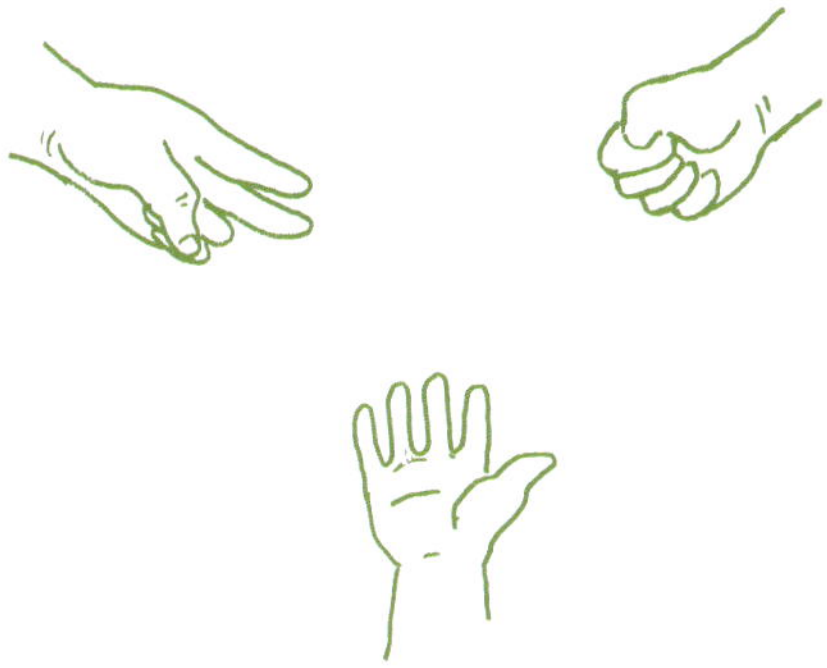

子供の夢をはぐくむ家という言葉から、あなたはどんな家をイメージしますか？　幼稚園の遊戯室のような家？　それともディズニーランドにあるような建物？

私の場合……えーと、じつは、そんなキラキラ輝くような華やかなイメージが浮かんでこないのです。浮かんでくるのは子供のころの我が家とその周囲を包んでいたセピア色の情景です。

私が生まれ育ったのは、海辺のひなびた田舎町でした。生家の庭先はそのまま海岸の松林につながっており、この松林を通り抜けると目の前に九十九里浜と呼ばれる砂浜がゆるやかに広がっていました。

幼年時代、私の家はまだ薪の竈で御飯を炊いていましたし、手押しポンプで水を汲む生活をしていました。こう書くと、なんだか「日本むかし噺」みたいに思われるでしょうが、私の子供のころはどこの家もまだそんなでした。

我が家は茅葺き屋根の田舎家でしたから、とりたてて建築的に見るべきものはありませんでしたが、私のように遊ぶことが大好きな子供にとっては、家の内外の「どこでも」が恰好の遊び場でした。

たとえば、縁側のそばにあった大きな合歓木によじ登り、そこから屋根に乗り移って頂上の棟の部分にまたがって海を眺めるのが楽しかったし、縁の下を匍匐前進で通り抜けるのも大いに冒険心をくすぐる遊びでした。家のなかには押入というぬくぬくとした隠れ家がありましたし、夏の夜は蚊帳のなかで逆立ちして足の指先で蚊帳の天井のたるみを蹴ったり、相撲をとったり、ドタン、バタン、叱られるまで遊んでいました。

今、思い出すと、あの粗末な家が私の遊び心をはぐくみ、好奇心を培い、動きたくなくなるほど居心地のよい場所があることを教えてくれたのだと思います。あらゆることに興味を持ち、注意深く観察し、肌で感じ、自分の頭で考え、身体を使って体験し、鮮明に記憶する。そして、自分らしいやり方で表現する……という建築家になるための下地（と言うより、自分になるための下地）も、じつは生まれ育ったあの家とそれを取り巻く自然環境によって培われたのだと考えると、そのことに心から感謝しないわけにはいきません。

この本の冒頭で、『あしながおじさん』の主人公、ジュディ・アボットの言葉を紹介しましたが、読者の皆さんにもう一度、そのことを思い出していただきたいと思います。念のため、彼女があしながおじさんに書いた手紙を引用しておきます。

「ここは子どもを育てるには、素晴らしくいい家です。かくれんぼするにはちょうどいい薄暗い隅っこがあるし、ポップ・コーンをつくれる暖炉があるし、退屈な雨の日なんかに

〈湘南の家〉　2000年　設計＝中村好文
神奈川県鎌倉市

〈思い出宝箱〉 2000年
製作=横山浩司

跳ねまわるには格好の屋根裏部屋があるし、それから階段にはスベスベした手すりが付いていて、それを滑り降りた端っこのところには、思わず撫で回したくなる、丸パンを押しつぶしたような形のぎぼしがあるし……そうそう、それに、すっごく大きくて陽当たりのいい台所だってあります」

そう。そうなんです。

私たち建築家は、住宅を合理性や、機能性や、利便性や、快適性や、経済性だけで考える傾向がありますし、住み手にとっていい家とは、使い勝手がよく、居心地がよく、見栄えのよいものということになるのですが、それだけではなく、住宅の善し悪しを判断する基準に「子供を育てるには素晴らしい家か？」「子供が心豊かに育つことができる家か？」というのがあっていいはずです。その大切な項目を加えられたら、住宅は日々の暮らしを包み込むただの囲いから、夢をはぐくむ巣箱へと昇格すると思うのです。

数年前、私はY夫妻と二人の幼いお嬢さんのための家を設計しましたが、夫妻は私の事務所を訪れる前に、数人の建築家に会って設計依頼の打診をしていました。つまり、自分たちの家の設計を任せられる建築家選びをしていたわけです。そして、面談の最後に、その建築家の一人一人に「ところで、子供たちのために庭先に小さな遊び小屋も設計してもらえますか?」と尋ねてみたのだそうです。ところが、尋ねられた建築家は、きょとんと怪訝な顔をするばかりだったと言います。この同じ質問が私にもあり、私は「わぁ、面白そう。ぜひやりましょう!」と即座に応えたのが決め手となって、めでたく、Yさんのお宅の設計者に選ばれたのです。

設計のあいだ中、私はY夫妻からのこのスペシャルリクエストにどう応えようかと考え続けることになりました。こういう要望ほど私の建築ごころと童心を奮い立たせるものはありません。犬小屋を子供サイズに拡大したような「おうち」を庭にポツンと置くのも面白そうだし、板材と角材で構成的な立体彫刻を作って、そのなかの空間を子供たちの自由な発想で部屋や家具に見立てて遊んでもらうのもよさそうです。いろいろ考えたあげく、私が採用した案は、板塀の一部が次第に高くなっていき、カメレオンの尻尾のようにクルリと巻いてそのなかが居場所になるというもの〔75頁〕。中心にパラソルを立てて開くと、小さな円筒形の家のでき上がりです。小窓も開けてありますからその窓から顔を出し、母屋にいる両親に向かって手を振ったりもできます。

完成の暁、二人のお嬢さんがこの「シッポ・ハウス」を大喜びしたのは言うまでもありません。

家の完成間近、Y夫妻からは、もうひとつ特別な注文がありました。それは、子供たちが大切にしているモノを大事にしまっておける、しっかりした「宝箱」をデザインして欲しいというもの。その宝箱を、将来、娘たち二人が嫁いで家を出ていくときに、子供のころからの思い出の品々、たとえばお気に入りのオモチャや、アルバムや、教科書や、お誕生日のプレゼントや、日記帳などを詰めて持たせてやりたいから……と言うのです。

いい話でしょう?

この宝箱を娘に手渡すとき「なるんだよ、しあわせに」なんて声を掛けたら、それこそ小津映画の笠智衆みたいだなぁと思いつつ、私はこの依頼を喜んで引き受けました。そして、やはりY夫妻のこのアイデアに共感した家具職人の横山浩司さんが、姉妹のふたつの宝箱を別々の材料(ナシ材とサクラ材)で丹精込めて製作してくれました。

将来、家を出ていく彼女たちの宝箱にどんなモノが詰め込まれるのか、私にはちょっと想像がつきませんが、幼年時代の夢と、両親の大きな愛情は、箱一杯、溢れんばかりに詰め込まれるに違いありません。

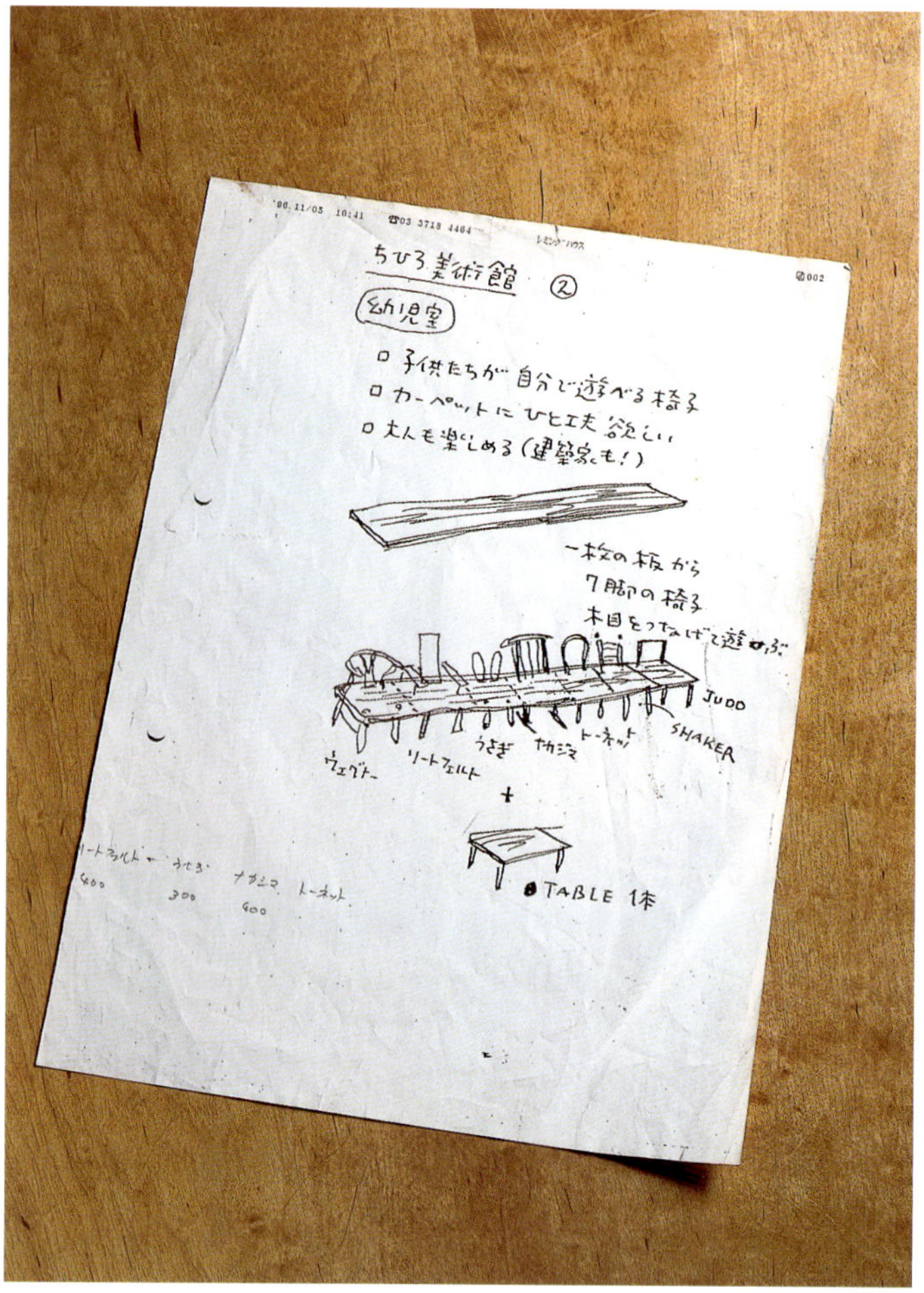


職人のもとへ送ったスケッチ 1996年

数年前、安曇野の「ちひろ美術館」の家具デザインをしました。ショップにおく絵はがき台から学芸員用のハイストゥールまで、ほとんどすべての家具を手がけましたが、私が一番ワクワクしつつ愉しんでデザインしたのが、子供の遊戯室のために作った名作椅子のミニチュア。細長い一枚板を7つに割って座面にし、別々の背と脚をつけました。一見ベンチに見えるこれらの椅子をバラバラにして遊んだら、今度は木目を読みながら並べ直してもらう家具的な玩具。子供たちに、遊んでいるうちに木と椅子の両方を好きになってもらいたいという私の願いがこめられています。

〈ななつなないす〉 1997年 製作＝奥田忠彦
左からシェーカーチェア、トーネットの曲木椅子、ひとつおいてナカシマのコノイドチェア、ウェグナーのYチェア、アアルトのサイドチェア、リートフェルトのアームチェア 左から三つ目は自作の〈ラパン〉（仏語で兎という意味）

　この章の冒頭で私が子どものころ育った家のことを書きました。書いているうちに生家の思い出をじつにいきいきと綴ったいい文章があったことを思い出したので、ちょっと紹介したいと思います。書き手は『昆虫記』の、あのアンリ・ファーブルです。

「家族のだんらんにふさわしい冬の宵、おばあさんがたち働いている姿を、よく思い出す。夕食の時がくると、おとなも子どもも、テーブルの両側に一つずつおいた足がすこしびっこの、モミ板でつくった長こしかけにすわる。めいめいの前には、どんぶりと亜鉛のさじがおいてある。テーブルのはしには、せんたくしたての、いいにおいのするアサ布につつんだ、馬車の車輪ぐらいの大きなライムギの丸パンが、おいてある。(中略) おじいさんは、その都度いるぶんだけを切りとり、それからおじいさんだけしか使ってはいけないことになっているナイフで、みなにそれをわけてくれた。(中略) そばには、大きなだんろがパチパチ燃えていた。寒さがひどい日には、ふといまきが丸太のままくべられていた」

(『昆虫と暮らして』林達夫編訳／岩波少年文庫)

　ね、いいでしょう？　こういう文章を読むと、そこで育った子どもが晩年になっても懐かしく思い出せる、心温まる家を設計したいものだとしみじみ思います。

第8章

# 手ざわり

愛着は手ざわりから生まれる…

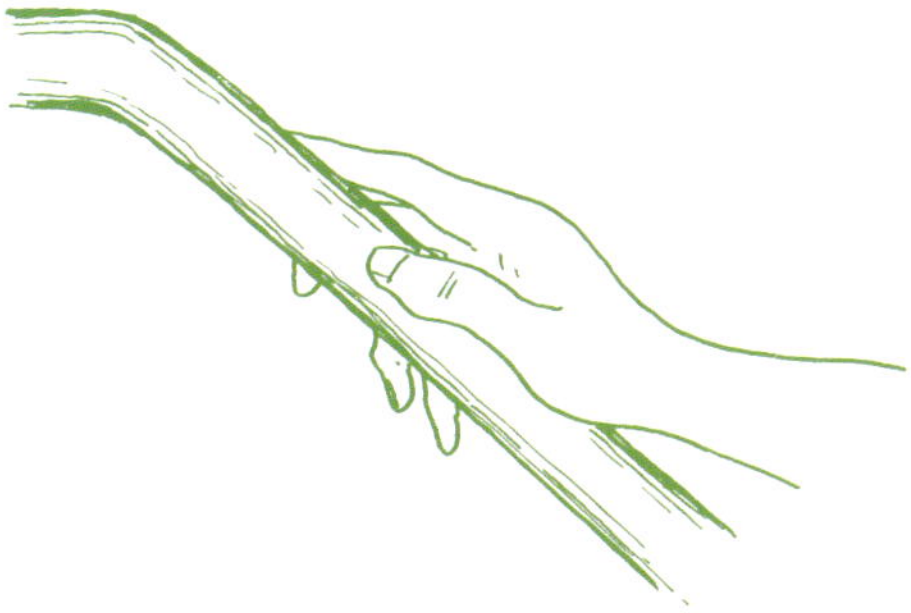

愛着は手ざわりから生まれると思うのですが、いかがでしょう。

どうやら私は触覚的な人間らしく、無意識のうちに、まず、さわってみる、撫でてみる、握ってみる、という動作をしているようです。それは、私の第二の天性であり、習性のようなものかも知れません。

ですから、ポケットのなかの小銭入にしろ、身にまとう衣服にしろ、アトリエや自宅で使う食器や家具のようなものにしろ、まず手のひらでその感触を確かめてから買い求め、長い間、さわりながら大切に使い込んでいくのが常です。

私は、愛着というものが、まず自分の手のひらから、触覚的な確かな手応えとして育ってくるのを感じます。知性や理性以前の、触覚という原始的な感覚を全面的に信じていると言うことになるのでしょうか。

そういう「触覚型の人間」が住宅を設計すれば、その家に、とびきり手ざわりのよい部分を備え付けたくなるのが自然の成り行きです。手のひらでその家の手ざわりを確かめてもらい、手のひらからヒタヒタとその家への愛着を深めて欲しいという思いが、手ざわりへのこだわりになるからです。

私にとって、家のなかに手ざわりのよい部分があることや、家全体がなんとなく手ざわりよくできていることは、大きな吹き抜けのある居間があるとか、眺めのよい全面ガラスの窓があるとか、床が大理石張りで床暖房がほどこしてあるとか、シャンデリアがぶら下がっているなんていうことに匹敵する、そしてそれが、訪問客の目を瞠らせ、ため息をつかせるような派手な見せ場にも賑やかな話題にもならない分、より床しい贅沢なのです。

私はいわゆる豪邸には縁がなく、そういう家を設計したいとも思いませんが、もしも「手ざわりの豪邸」が欲しいという奇特な人が現れたら、いの一番に名乗り出たいと思います。

さて、その手ざわりのなかでも、私がとりわけ大切にしているのが階段の手摺です。

なぜそんなにまで階段の手摺にこだわるかといえば、それが家族全員が必ずさわったり握ったりする部分だからです。その手摺を通じてその家に住む家族の一人一人と握手をしているような気持ちになれるからかも知れません。

古今東西の名作といわれる建築の魅力的な階段の手摺を握ることで、建物を設計した建築家や、それを造った無名の工人たちと直接握手しているような親密な気持ちを味わってきた私は、たぶんその同じことを無意識のうちに住宅でやろう

著者がこれまでに取り付けてきた階段の手摺の切り落としサンプル

としているのです。

『あしながおじさん』のジュディ・アボットが、友人の家に足を踏み入れたときの感激を綴った手紙に、階段の「スベスベした手すり」についての記述があることは、私には、とても暗示的に思われます。私はそれを読んだとき、この観察力の鋭いヒロインが、普通の人ならうっかり見落としがちな、その家の「さわり心地」について語っているのだということを啓示のように受け取ったのです。

そうです、よい家というものは、眼をつぶってさわりながらでも、その真価が感じられなければならないのです。彼女のフル稼働する鋭敏な五感が、よい家であるために必要な部分や大切な細部を、直感的に見抜き、はっきりと指摘していたことを、私は心のなかにしっかり刻みつけておこうと思います。

ところで――。

あなたの家は、手ざわりがいいですか?

〈エシェリックハウス〉 1961年
設計=ルイス・カーン アメリカ・ペンシルベニア州

傑作と呼ばれる建築には例外なく珠玉の細部が隠されているものです。建築家の本当の力量や建築的センスは、細部へのこだわりやそれを生み出す職人芸にはっきり現れるものかも知れません。ルイス・カーンは哲学的な建築家として知られていますが、その住宅の内部は目を瞠らずにいられない工芸的な手仕事がすみずみを支配していました。カーンの真の偉大さを身に滲みて知るには、私には、階段の手摺ひとつに触れてみるだけで充分でした。日本にも建築の細部に命を賭けた建築家がいます。93歳で亡くなるその日まで現役の建築家として活躍した村野藤吾です。彼の建築を見に行くと、緻密で執拗な仕事に鬼気を感じ息詰まる思いをすることもあります。

〈ウェスティン都ホテル京都「佳水園」〉
1959年　設計＝村野藤吾　京都府京都市

建築でも家具でもなんとなく「さわり」のいいのが好きです……と言うより「痛い」のが嫌いなのです。もちろん「痛々しい」のも好きじゃありません。職業柄、建築雑誌をパラパラ眺めることが多いのですが、鉄とガラスとコンクリートでできた、冷え切った温室のような住宅の写真を見ると、その作品のシャープな印象や設計者の建築的センスに感心する前に、「なんか、痛そう〜！冷たそう〜！」と、身体のほうが反射的に拒絶反応を起こしてしまいます。と言うのも、数年前、私は自分で設計した自宅バスルームのガラス・スクリーン（カッコよくデザインしたつもりでした）に膝頭をぶつけて3針も縫う怪我をしており、以来、痛そうなモノに対する拒絶反応がいっそう強くなっているのです。鋭いものや尖ったものが、触れる前に目にさわって痛みを覚えるということでしょうか。

なにはともあれ、「手ざわり」のよい住宅であって「目にもさわりのいい」住宅が私の理想です。

MEMO

第9章

# 床の間

格式張らない
「床の間」のような場所が…

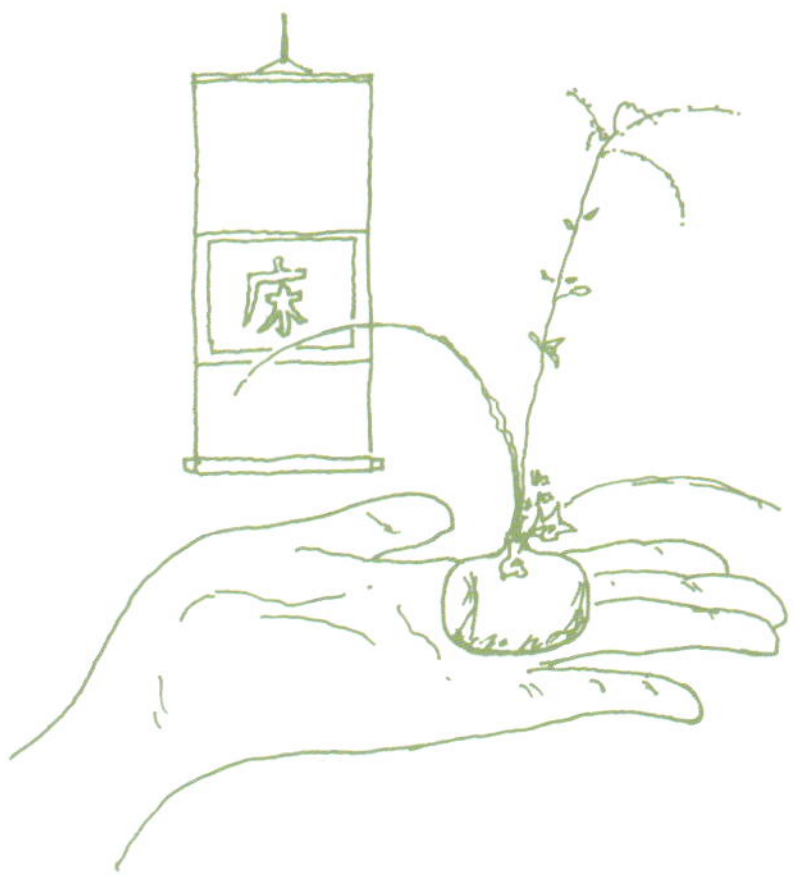

格式張らない「床の間」のような場所が、家のなかのどこかしかるべきところに一箇所でもあると、部屋の様子はすっかり変わるものです。

もう四半世紀も昔のことになりますが、そのころから古道具屋を見て歩く趣味のあった私は、ときどき覗いていた店で「半閉《バンダヂ》」と呼ばれる李朝時代の低い箪笥を見つけ、そのいかにも李朝の家具らしい端正なフォルムと拭き漆で仕上げられ長年磨き込まれた松板の材質感に一目惚れしてしまいました。設計事務所に勤務していた私の給料ではとても手の出せる値段ではなかったのですが、「家具デザインのまたとない教材にもなるんだから……」と、しぶる妻を説得し、無理算段したあげくその箪笥を買いました。

箪笥は十日ほどして道具屋から届いたのですが、その箪笥が自分の置かれる場所（居場所）について強烈な自己主張をしたことを今でもはっきり思い出します。そのころ私たちの住まいはワンルームでしたから、箪笥の置ける場所といっても、ココか、ソコか、無理すればアソコか、ぐらいしか選択の余地はなかったのですが、自分の気に入った場所に置かれるまでその箪笥がじつに居心地悪そうにするのです。そして、ようやく落ち着いたのは、部屋のなかで一番大きな漆喰塗りの壁の前でした。

漆喰壁の前に箪笥を安置してみると、今度はその箪笥のバックの壁がやけに白々と見え始めました。何となく絵の一枚も掛けて欲しそうな風情に見えたのです。そこでとりあえず、愛蔵していたジョゼフ・アルバースの「正方形賛歌」（……といっても驚かないで下さい、シルクスクリーンで印刷されたポスターを額に入れたものです）を掛けてみますと、絵が時と所を得たとでも言うのでしょうか、これが心憎いほどキマッテ見えました。しみじみ眺めているうちに、今度は箪笥の上に花なんかも飾ってみようか、という気分がフツフツと胸の内からわいて来ましたので、花屋に走り小さな白い花だけを数種類買ってきて、これも秘蔵のアルヴァ・アアルトの曲面ガラスの器に自己流で投げ入れてみました。

そうしてみると、その箪笥周辺は神聖な気分に支配され、殺風景な下宿屋のようなワンルームにしっとりとした拠り所のようなものが生まれた気がしました。単に食べたり寝たり即物的に住むだけの部屋が、心の住む部屋に昇格したと書いたらその微妙なニュアンスがお分かりいただけるでしょうか。

箪笥ひとつを置くだけでその部屋に特別な場所が生まれ、その場所を持ったことで均質だった空間は陰影と奥行きを宿すことになったのです。

やはり人の住まいには、そこに住む人の精神の拠り所となる「床の間」のような場所が必要なのかも知れません。季節に応じ、気分に応じ、出来事に応じて自分たちの好みにしつらえていくと次第にその場所がその家庭の暮らしの歳時記、あるいは日記のようになるのですが、それは、そこに住む人の「心の形」にほかならないとも言えるでしょう。

茶室のような小さな空間でも、床の間に好みの軸が掛けられ花が生けられていると、そこに亭主がいなくてもその息遣いや面影を感じることができるものですが、部屋のしつらえというのもそれと同じことだと思います。

さて、その我が家の「床の間」ですが、もちろん今も健在です。ただ面白いことに、その場所のしつらえ方が年を追うごとに少しずつ変わってきています。先ほど書いたように、当初は若かったせいもあり、ずいぶん背伸びして茶室のような気負ったしつらえをしていたのですが、最近はそれがぐっとくだけて来ています。床の間的、祭壇的だったその場所が気さくなディスプレイ台的になってきているのです。お正月の飾り、雛祭りの飾り、クリスマスの飾りなど、以前なら少し気合いを入れた季節のしつらえも気張らず鼻歌まじりでアッサリやっつけるぐらいですから、普段はさらに自然体で、旅先の海岸で拾ってきた石ころや、駄菓子屋のブリキの玩具や、気に入っているCDのジャケットや、最近形に惚れて買った老眼鏡など、じつに雑多なものが置かれるようになっています。

その脈絡のない雑然としたディスプレイが、住む人の「心の形」をあますところなく反映しているとすると、ちょっと複雑な気持ちになりますが。

以前、私が改造して住んでいた借家の「床の間」。このころ私は李朝の工芸品に深く心を奪われていました（いわば私の「李朝時代」です）。半閉《バンダヂ》の上に李朝の白磁の壺などが飾ってあるのはそのせいです。壁に掛けた絵は有元利夫。今見ると、ちょっと祭壇的すぎるようにも思えますが、半閉の上を、自分のその時々の興味や好みが、あたかも季節が巡るように過ぎていったことにも気付きます。引っ越しの多かった我が家ですが、どこへ越しても、この李朝の簞笥が確かな部屋の拠り所をつくってくれました。

〈ルイス・バラガン自邸〉 1947年 設計＝ルイス・バラガン
メキシコ・メキシコシティ

メキシコの建築家、ルイス・バラガンの自邸に強く心惹かれ、何度もその家を訪ねました。建物の内外の壁に施された色鮮やかなメキシカンカラーも見ものですが、家のそこここに見受けられる、的確にツボを押さえた「しつらえ」が、室内に透明で静謐な空気を生み出していることに私は深い感銘を受けずにはいられませんでした。そうした部屋の印象はどこかチャペル的でしたし、仏間《ぶつま》的でもありました。静寂に支配された部屋に陽光が差し込み、光と影が無言で時を刻んでいました。

マンションの打ち放しコンクリート壁面のしかるべき位置に取り付けた飾り棚。棚は古い桐箪笥の抽斗を抜き出して再利用したもの。畳の部屋で仮設的に床の間をしつらえる日本の伝統的な手法に「置床」というのがありますが、その卓抜なアイデアにヒントを得てデザインしたものです。部屋のなかで一種の「床の間」のような役割をしてくれるので「棚床」と呼んだり「ウォール・シェルフ」と呼んだりしています。

〈石神井台のすまい〉　1998年　設計＝中村好文　東京都練馬区

マンハッタンにあるジョン・D・ロックフェラー夫人のゲストハウスを見学したことがあります。設計したのは建築家フィリップ・ジョンソン。夫人はモダンアートの愛好者でありパトロンでもありましたが、とりわけ現代彫刻のコレクターとして知られていました。ゲストハウスは、ご自慢のその彫刻のコレクションを美しく効果的に展示するスペースが欲しくて、MoMA（ニューヨーク近代美術館）のキュレーターをしていたこともあるモダンアート好きのフィリップ・ジョンソンに依頼したものです。

馬車置き小屋を改修してゲストハウスに転用した建築は、空間構成もプランニングも素晴らしく、シックでエレガントな印象はニューヨークっ子の「粋」を感じさせる見ごたえのある素晴らしい作品でした。そして、いまでも鮮やかに思い出すのは、玄関扉を押して内部に踏み込んだとたん、目に飛び込んできた壁に取り付けられた黒御影石の一枚棚です。それを見た瞬間、「棚床だ！やられたぁ！」と、思わず私は心のなかで叫びました。

「日本間がなくても住宅には床の間的な場所が必要」だとずっと考えていて、壁に一枚の棚を取り付ければ「棚床」になるというアイデアを暖めていたのですが、そのとっておきのアイデアが、半世紀も前にアメリカ人の建築家によってサラリとやられていたからです。

MEMO

第10章

# 家具

## 家具といっしょに暮らす…

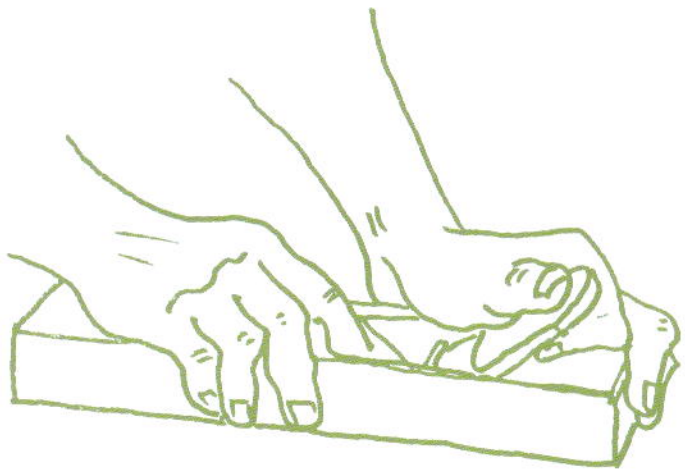

家具といっしょに暮らす、という気持ちがあるかどうか、それがその人と家具との良好な関係の決め手になるような気がします。

私は住宅の設計といっしょに家具のデザインもしている建築家ですから、家具への思い入れは普通の人よりは、かなり深いほうではないかと思います。

簡単に言えば、いっしょに暮らすという感じより、連れ添うという感じがあるのです。

家具デザインは、転々と引っ越しを繰り返していた学生のころに始めました。貧乏学生のことで、家具なんかまったく持っていませんでしたが、どこに行こうと製図台（兼食卓）は建築科の学生としては必需品でしたし、本棚やベッドもいります。また、そのころから少しずつ料理に興味を持ちだしていた私には、最小限の鍋釜と食器を置く棚なんかも必要でした。必要に迫られて、こうした身の回りの家具をデザインしては手作りしていたのです。

そして、いつも家具製作のテーマはいっしょでした。つまり、ローコストであること、手持ちの大工道具で作れること、デザインが合理的かつ機能的であること、ジョイントと組立て方法にオリジナリティがあること、そして、美しいこと。

粗末な手作りの家具ですが、内には家具デザインの壮大な理想を秘めていたわけですね。そして、その手作りの家具のなかに、手元に置いて教材にするつもりで無理算段して買い始めたモダンデザインの名作椅子が少しずつ仲間入りするようになりました。ジオ・ポンティの小指で持ち上げられる超軽量椅子［98頁］が小さなアパートの部屋に運び込まれたときなど、「掃きだめに鶴」という言葉が、思わず私の口をついて出たりしたものです。

あるとき、住宅をテーマにした地方の集まりで、私がそんな風にして家具の世界にのめり込んでいた時期があることを話しましたら、会がはねた後で聴衆のなかにいた若い主婦が思い詰めたような顔で近寄ってきて、こんな質問をしました。

「結婚以来、食堂の椅子とテーブルを探し続けているんですけど、気に入ったものが見つかりません。今も間に合わせの安物の家具で済ませているんですが、今まで使って来たなかで、ダイニング用のお薦めの家具があったら、どうかズバリ教えて下さい。迷わずそれにしますから……」

そんなことを言われても、初対面のその女性のお宅がどんな家なのか存じ上げないし、家族がどんな方々かも分かりません。そして、テーブルともなれば、日本食が多いか、それとも洋食かなど、その家庭の食生活の好みに大いに関係があるのに、その食事の内容も分かりません。厳密にいえば、食事のときお酒を飲む家かどうかで食卓の高さは微妙に変えておきたいほどなのですから、ズバリの判断はむずかしい、とお答えしたのです。しかし、そう説明しても、その女性は恨めしそうな目つきで私を見続けました。根負けした私は、付け加えてこんな話をしました。

……我が家は、夫婦だけの二人暮らしですが、食卓の長さは二メートル二十センチぐらいあり、そのまわりをいろんな椅子が取り囲んでいます［99頁］。テーブルと椅子とがセットになっているのはフォーマルな感じでいいのですが、うちは、そんなフォーマルな気取った家でもないし、いろんなデザイナーのいろんな形の椅子が、自分のデザインした椅子なんかと混じり合っている気さくな感じも悪くないと思っています。大勢でお酒を呑んだりするとき、みんな同じ盃じゃ面白くなくて、銘々が、いかにもその人らしい盃を選んで持っているっていう愉しさみたいなものが、家庭の椅子にあってもいいと思うのです。我が家の椅子は長い時間かけて、ひとつひとつ増やしていったのですが、椅子っていうのはそれぞれ個性があるので、その作業はちょうど映画のキャスティングに通じる醍醐味があると思います。ゆっくり読書するときはこの椅子、愉しくお酒を呑むならこの椅子、手紙を書くならこの椅子、ネコを膝に載せるならこの椅子と、じっくり時間をかけて、自分の家ならではのドラマが生み出せるような俳優＝椅子を選んで組み合わせていくことは、「住む」という行為を、家具という視点からもう一度問い直すことにもなるでしょう。

そして、ひとつだけアドヴァイスするとすれば、判断に迷ったら、モダンデザインの名作と呼ばれる椅子に座ってみて、そのなかから気に入った椅子を選んでおくこと。値段はもちろんぐっと高めですが、「安物買いの銭失い」という言葉は家具のためにあるようなものですから、ここでケチっちゃ駄目。デンマークならハンス・ウェグナー良し、ヤコブセン良し、イタリアなら名匠ジオ・ポンティも、若手のトビア・スカルパもなかなかいい椅子をデザインしています。いずれにしろ、名作には名作と呼ばれる所以があり、座り心地はもちろん形の美しさも、いっしょに暮らす家具としては大切な要素ですから、まずその名作を試してみることをお薦めします。

椅子に限らず家具というものは、大切に使えば一生ものどころか、何代も使い継ぐことができるほど長持ちするものです。そう考えると、オーソドックスで品格のある、流行に左右されない確かなデザインを選んでおくことが、なんといっても肝心です……と、そんなことを話したのです。

この話が、読者の皆さんにも、少しは参考になればいいのですが。

「判断に迷ったらモダンデザインの名作椅子をお買いなさい。値段はぐっと高めですが」と書きましたが、ここにあげたジオ・ポンティの超軽量椅子を買ったときは、それこそ清水の舞台から飛び降りる気持ちでした。当時、私は設計事務所の新米所員で能力相応の給料でしたから、月給の二倍以上もする椅子を買うのに相当の覚悟と勇気（蛮勇?）が必要だったのです。しかし、この椅子と身近に暮らして学んだ多くのことは、とてもお金では買えないものでした。

「家具は人に付く」といいますが本当ですね。写真は20年ほど前の我が家ですが、このときから今までに三度の引っ越しがあったのに、大テーブルをはじめ取り巻いている椅子たちは、いまだに健在で私たちに付いてまわり、家族の一員みたいな顔をして仲良くいっしょに暮らしています。

20世紀の偉大な建築家は、それぞれにその建築家らしい家具の傑作もデザインしてきました。あえて家具デザイナーと呼ばなくても、建築家は例外なく家具デザイナーだったのです。そして、家具デザインの世界にのめり込み、とうとう建築家から家具デザイナーに転向してしまった人もいます。チャールズ・イームズがその人です。この写真はイームズ夫妻の自邸で、自作の家具が家の随所にばらまかれて使われています。

自邸のリヴィングでくつろぐイームズ夫妻（1958年）
〈イームズ夫妻の家〉 1949年 設計＝チャールズ&レイ・イームズ
アメリカ・カリフォルニア州

私がデザインしている家具は毎日の暮らしで実際に使うものに限られています。

世の中には、形が面白い家具や、色彩が綺麗な家具や、素材の組み合わせがユニークな家具など、オブジェ的な魅力を備えた家具が数多くありますが、そちら方面にはとんと縁がないのです。ほとんどが木製の家具で、形はオーソドックスですし、塗装もさらりとオイルフィニッシュする程度。素地本来の色と風合いが感じられる普段づかいで飽きの来ない家具が好みなのです。

家具をデザインするきっかけも、日々の暮しの中にあります。たとえば、一昨年、3段の階段式になった踏み台をデザインしましたが、それも、ちょうどそのころ引っ越して来た現在の住まいに普通の椅子の高さでは手の届かない天井があり、そこに取り付けたダウンライトの電球を取り替えるためでした。

私にとっては「必要が家具デザインの母」ということになりそうです。

MEMO

—第11章—

# 住み継ぐ

住み継ぐ作法は…

住み継ぐ作法は、日本のように土地の値段が変動しやすく、住まいに対する意識も価値観も世の中の風潮に左右されやすい国では身に付きにくいものかも知れません。知り合いに百年以上経つ古い民家を改修しつつ住み継いでいる人もいますが、それはごくめずらしい例で、詳しい数字は知りませんがヨーロッパ諸国などと較べたらその割合は極端に低いようです。

一方、日本で住宅の建設にかかる費用ですが、これは欧米に較べたら比較にならないぐらい高いと言われています。つまり、私たち日本人は高いお金を払って手間と時間をかけて建てた家を、ごく短期間住んだだけで廃棄しているということになるわけです。ずいぶんもったいない話ですね。どうせ家をつくるなら、これからは「住み継ぐ」ことを前提にした、いろんな意味で長もちのする住宅にしたいものです。

設計の依頼者からよく「家の寿命は何年ぐらいを想定していますか?」と聞かれることがあります。また、「ぜひ、百年ぐらいはもつ住宅にしてください」と言われることもあります。じつはこの「もつ」という言葉がクセモノで、家というものは、手抜きをせずごく普通に造っておけば木造でも構造的には楽に百年くらいは「もつ」のです。しかし、給排水や空調などの設備、また電気設備が「百年もつか?」といったら、それは不可能だと思います。そうしたかったら、何はともあれメインテナンスや、配管部分など傷む部分の取り替えを容易にしておく配慮が必要です。

それから、間取り《プラン》の問題があります。家族（百年という時間で考えるなら、家族と呼ばず、住人と言い替えてもよいと思います）というものは生身で、増えたり減ったり、成長したり年老いたり、絶え間なく変化していくものですから、一時期だけに焦点を当てて固定的にしてしまうと、変化に対応しきれなくて破綻を来すことになるのです。つまり、必要に応じて間取りを簡単に変えられるよう、構造壁の配置や、コアとなる水まわりの位置をあらかじめ充分に考えておかなくてはならないわけです。そのためには、融通性のあるプランで、しかも、特殊なものではなく、無理も無駄もない合理的であたりまえのプランがよいと思います。

独創性や特殊性を競いあう建築界に身を置いていながら、こんな建築家らしくない考えを持つことになったのは、ロサンジェルスを中心に静かな住宅ブームを巻き起こした「ケース・スタディ・ハウス」を含む一九四〇年代後半から五〇年代にかけて建てられた住宅を、立て続けに見学して歩いていたときでした。「ケース・スタディ・ハウス」といっても、一般的にはあまり馴染みのない言葉かもしれません。簡単に言えば、「新しい住まい方の提案を盛り込んだ核家族のための実験的な住宅」のことで、『アーツ・アンド・アーキテクチュア』という当時人気のあった雑誌の企画でした。

見学に訪れた住宅はどこも建てられてから四、五十年が経過していましたが、半世紀という長い年月を経ていながら、少しも古びたり薄汚れたりしておらず、新築まもない家のようにすみずみまで美しく、整然と住みこなされていることに、私はまず目を瞠りました。また、建てられた当時の図面と見比べると、どの住宅も大なり小なり増改築や改装が施されていましたが、そうしたリフォームも木に竹を接いだような不自然な感じはなく、最初からそうなっていたようにスッキリと納まっていました［106、107頁］。

ここで心に留めておきたいのは、増改築の設計や工事の巧拙のことではありません。大切なのは、オリジナルのプランに長い年月にわたる人々の暮らしを丸ごと受けいれる容器としての骨格と可能性が備わっていたことなのです。この「骨格」とはプランの構成のことであり、動線計画であり、各室の面積配分のことです。

とりわけ私が感心したのは、建築的なコンセプトより、もっと生活に密着したきめ細かな配慮です。たとえば、部屋同士を結ぶ動線に回遊性があり、いわゆる廻れるプランになっていることや、広々としたユーティリティがあり、そのユーティリティには勝手口が付いていること。さらに、その勝手口の外には洗濯物を干したり、ゴミのバケツを置いたりできる充分な広さのサービスヤードが設けてあったことです。普通なら切りつめられがちなこうした裏方のスペースに充分な面積を割り当てておくことなどが、日常生活に支障を来すことなく、長年、ひとつの家を住み継ぐことができる大切な要因になるのだと思います。

さて、ここまでの話は、主に住み継ぐことのできる住宅の間取り《プラン》についての話でしたが、家を住み継ぐためには別の条件もあります。

たとえば「家の様子」。マイホームへの思い入れが深すぎ、前後の見さかいなく宝塚歌劇のセットのような乙女チックな家を建ててしまうとか、建築家の選択を誤って、あたりを睥睨する奇抜な外観の住宅なんかを建ててしまうと、もうアウトです。そういうファッショナブルな家の寿命は「よくもって十年」、もてばもったで「百年の恥」です。本当に長く住み継いでいくつもりなら、外観や見栄えだけではなく、家族の変化に応じて部屋の用途や間取りを変えやすい家かどうかという視点も大切にして欲しいものだと思います。

また、その家をどんな材料でつくるかという問題もあります。ここも重要なポイントです。私の場合、何をおいても家は手入れのしがいのある材料、住み込むほどに味わいを増す材料でつくりたいと考えています。そしてそれは、高価な素

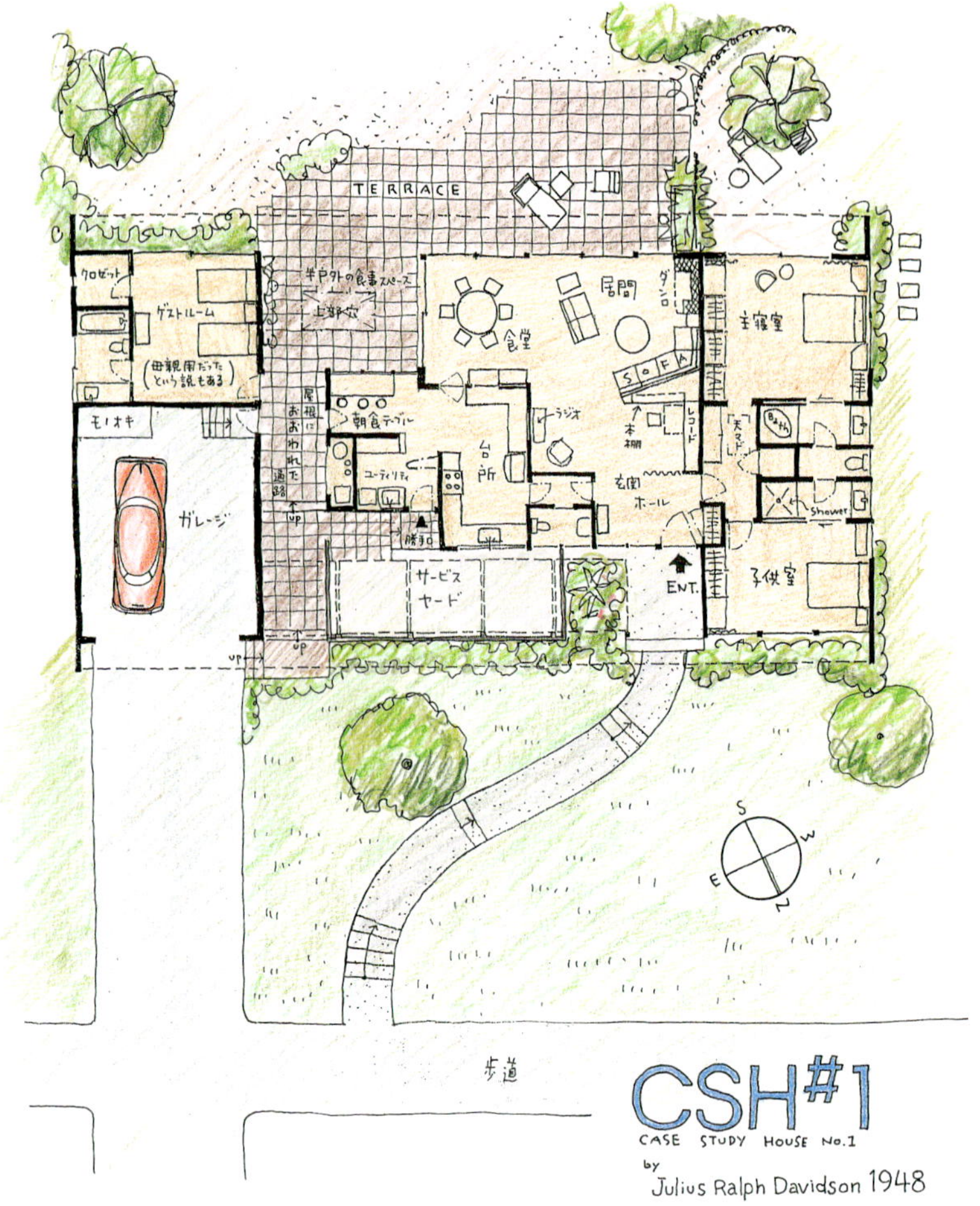


材でなくても、小綺麗な材料でなくてもいいのです。そんなことより、私には時間とともに愛着の深まっていく素材を吟味して使うことのほうが、大切に思えます。

昔の人のように、毎日、糠袋や雑巾で床や柱を磨きたてるのはもちろん不可能ですが、時々でも磨いてやったらそれに応えてくれるような素材でできている家は、なんとなく懐かしい趣きと、頼もしい感じがあるものです。そんななかから「家を育てるという気持ち」も芽生えてくるのではないでしょうか。

ミース・ファン・デル・ローエは現代建築の巨匠と呼ばれた建築家ですが、彼の作品には、現代建築を象徴する素材である、鉄、ガラス、コンクリートの他に、ブロンズや各種の石材、革や織物など確かな質感を備えた材料が適材適所に使われ、じつに豪奢な印象を醸し出すことに成功しています。ミー

〈ケース・スタディ・ハウス#1〉 1948年
設計＝ジュリアス・ラルフ・デイヴィッドソン
アメリカ・カリフォルニア州

スは「古びたときに美しくなるかどうか」で、材料の善し悪しを判断したといいますが、これは住宅にもそのまま適用できるはずです。

「古び」の話から連想しては申しわけないのですが、『八月の鯨』という老姉妹を主人公とした映画のなかで、撮影当時、もう九十歳ぐらいにはなっていたはずの名女優リリアン・ギッシュが部屋から踏みしめるような足取りで出てきて、ごく自然に、それこそ百年ぐらい前からずっとこうしていますよ、といった慣れた仕草で古い家具の天板をひと拭きするシーンがあります。このシーンが、なぜか私の瞼のスクリーンに焼き付いていて離れません。

最近は、自然素材がいかに健康によいか、その効用が声高に喧伝されますが、リリアン・ギッシュの仕草を思い出すたびに「手入れのしがい」のある材料についての考察と関心がもう少し高まって欲しいものだと思うのです。

古い街並の残っている京都などで、道路に面した千本格子が塵ひとつなく拭き清められ、惚れ惚れする風合になっている様子に見とれることがありますが、そうした日々の手入れを大切にしているのは日本ばかりではありません。右頁は、私がイタリア南部、アルベロベッロの街を早朝に散歩していて見かけた光景です。年配のおばさんが、なんと石畳の道路を、一心不乱に雑巾掛けしていました。上は三谷さんの小屋［34、35頁］の栗の床板。三谷さんが、アルベロベッロのおばさんのように、毎朝、雑巾掛けしているとは思えませんが、歳月という働きものの雑巾が毎日着実に磨きたててくれて、このように思わず手のひらで撫でてみたくなるような見事な色艶の床板が生まれました。

〈新井薬師の住宅〉１９９９年
設計＝中村好文　東京都中野区

「家を住み継ぐ」ためには、肝心の家がなくてはなりませんが、家具もやりようによっては、ちゃんと「使い継ぐ」ことができます。ここで、実例をふたつ見ていただきましょう。ひとつは、建て替えの際、解体した古い家の床の間の違い棚を丁寧に外しておき、その板を使って、新築の家で使うティーテーブルに仕立て直したもの。築50年以上も経っていた板は充分すぎるほど自然乾燥していて、家具用の板としては最高の状態でした。

〈桐箪笥構成〉1999年
製作＝阿部繁文＋吉原常雄

上は、古い桐箪笥の抽斗だけをあつめてパッチワークのように再構成し、使い継いでいる例です。92～93頁でご紹介した「棚床」のアイデアの箪笥ヴァージョンだとお考え下さい。もとはと言えば、私の母親が形見に遺した桐箪笥の処置に困って思いついたもので、今は、私の自宅で使っています。多種多様な抽斗のサイズや、新旧による色の違いがモンドリアンの絵画のような面白さを生み出し、使い勝手はもちろん、眺めているだけでもなかなか愉しい家具として蘇りました。

　戸建住宅、それもおもに小住宅の設計の仕事ばかりをしてきた私が、最近、9階建ての集合住宅を設計しました。と書くと「へぇー」と思われるでしょうが、2階建てのテラスハウスを縦に4軒、積み木のように重ねた極小の集合住宅です。マンション（邸宅）と呼ぶのも気恥ずかしいので、「アパートメント」と呼ぶことにしました。

　設計にあたっては、自宅をはじめ、これまでにいくつものマンションの改修を手がけてきた経験を踏まえて、住み継いでいけることをテーマにしました。具体的には、構造設計の専門家と相談して、構造体（専門用語で、躯体とかスケルトンとか呼びます）の耐久性を150年ぐらいに設定し、内部の造作が住み手の人数や暮らし方によって、自由自在にやり替えられるような大らかな造りにしたのです。

　外側の箱を、これからこの建物に住み続ける人々の生活を包み込む、堅牢で性能のよい容器としておくこと、パイプやダクトなど寿命のあるものを取り替えやすくしておくこと、内部の造作は可能な限り簡素にしておくこと、それだけで、住み継げる家としての基本的な骨格を整えることができたと思います。

MEMO

第12章

# あかり

「あかり」にはふたつの意味が…

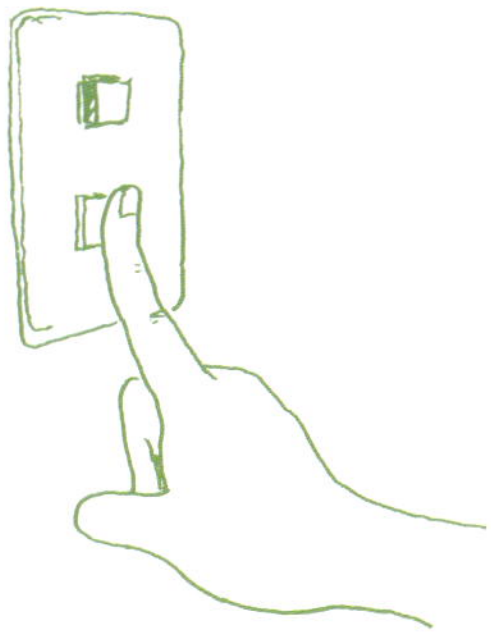

自然光を「明かり」と呼び、灯火や人工的な照明を「灯り」と呼びます。どちらも「あかり」で紛らわしいのですが、ともに建築空間を生かすのに特別に大切な役割を担っています。左頁は、光と色と静寂を生涯の建築的テーマとして追求したルイス・バラガンの自邸内部。頭上からというより、天上から降り注ぐ、神々しいまでの自然光のシャワー。

〈ルイス・バラガン自邸〉 1947年
設計＝ルイス・バラガン
メキシコ・メキシコシティ

腰壁と高窓からの採光の効果
その最も美しい成功例
フェルメール「音楽の練習」より

左側の窓から差し込む光が壁を舐めて陰影のグラデーションを生み出す、というのがフェルメールの絵画の大きな魅力です。右頁の小さなコーナーは、そのフェルメール風の光に憧憬を抱く友人のために「左側から差し込む光」と、それを映す「漆喰壁」の効果を考えて設計した小屋の内部です。

〈MITANI HUT〉 1994年
設計＝中村好文　長野県松本市

桂離宮を持ち出すまでもないのですが、日本の古い家屋の魅力のひとつは天井の美しさではないかと思います。もちろん、そこに不似合いな照明器具が付いていたり、そこからシャンデリアなんかがぶら下がっていたりしたら、興醒めに違いありません。本当は器具なんか見えなくて、どこからか、なんとなく明るいというのが照明のひとつの理想かも知れないのです。それならば、というわけで天井全体を照明器具にした例があります。籐で編んだ天井の上に照明器具を仕込み、和紙を透過したほの暗い光が茶室全体を包みます。設計は村野藤吾。名匠、村野流の「陰翳礼讃」です。

〈新高輪プリンスホテル茶寮惠庵「汀」〉
1985年　設計＝村野藤吾　東京都港区

『東京物語』の笠智衆

室内の灯、すなわち照明器具を選ぶというのは設計作業のなかでもひと仕事です。なにしろ、照明器具のカタログというのは厚さが電話帳ほどもあり、メーカー各社がこぞって送りつけてくれますから、これを机の上に山のように積み上げて探すことになります。しかし、こちらの気持ちにぴったりする、値段が手ごろでごく普通の形の照明器具が少ないのです。私の好みは、小津安二郎の映画に出てくる何気ないガラスのシェードのような器具ですが、こんなものすら、なかなか見つかりません。

そういうわけで、私は、ときどき古道具屋を覗いて、ひと昔前のガラスの笠を見つけては買っておき、完成した住宅に付けていました。ところが忙しさにかまけ、しばらくその仕入れを怠っているうちに、とうとう在庫品も底をついてしまいました。6年ほど前、古道具屋に頼らずにペンダントぐらい自分でデザインして作ってみよう、と一念発起し、ガラスコップを作っている工場に頼みこんで作ったのが、写真のペンダントです。バランサーや木製ネジで高さの変えられるこの照明器具は、光の表情も柔和で美しくなかなかの優れものなので、私の設計した住宅の食堂には欠かせない定番のペンダントライトになっています。

「あかり」にはふたつの意味があり、ふたつの字があります。

すなわち「明かり」と「灯り」です。言うまでもなく「明かり」は自然光のこと、「灯り」は灯火、つまり照明のことです。そしてこのふたつの「あかり」が、建築の、そして住宅の重要な要素なのです。

まず、「明かり」について。

自然光を室内に上手に導き入れる手法を、ぜひ身につけたいものだと私はいつも考えています。私たち日本人には建具を取り払ってしまえば、室内にはただ細い柱だけが疎林のように残る開放的な日本建築の感覚が拭いがたく染みついていて、西欧の組積造のような「壁」という概念が育たなかったのかも知れません。そしてそれは同時に「窓」という概念も育たなかったことを意味しています。

ですから「大きな開口部をたくさん開ければ明るい住まい」という誤った認識が蔓延することになります。私のアトリエに現れる設計の依頼者《クライアント》にも、窓の位置と大きさというものはまず何よりも壁とのバランスによって決定されるべきもの、つまり「壁」あってこその「窓」だ、ということを粘り強く説明しなければならないことがあるのです。

大切なお客様を鄭重に室内に招き入れることが、その家の主人の役割なら、室内に鄭重に自然光を招き入れることは設計者の果たさなければならない大切な仕事です。

室内に招じ入れる光について、絵画的な思い入れを持つ依頼者がいました。

木工作家の三谷龍二さんです。十一年ほど前、私は彼が住むための小屋の設計をしましたが、その打合わせの際、三谷さんは「どこかにフェルメールの絵にあるような光が差し込む窓が欲しいのだけれど……」と遠慮がちに言ったのです。私がフランドルの絵画が好きなことを重々承知の上での発言です。これほど設計者の気持ちをくすぐり、やる気にさせる巧みな発言はめったにあるものではありません。

「フェルメールの窓ねぇ、どうやったらその感じが出せるんだろう、うーん……」

私はまんまとおだてに乗り、めいっぱいの気持ちを込めてその「窓」を設計しました［116頁］。

もうひとつの「灯り」についても、語れば尽きないってことになるのですが、ここではひとつのことだけを書きます。

それは照明という言葉についてです。私は「lighting」を「照明」と訳したのが本当によかったかどうかつねづね疑問を感じています。「明ルク、照ラス」と訳したおかげで、私たちは部屋の隅々までくまなく照らさなければいけないような、誤った先入観を植え付けられてしまったのではないかと勘ぐるのです。あっさり「点灯」あるいは「灯置」（トーチと読んでください）ぐらいに訳しておけば、日本の住宅の「灯り」はずいぶん趣のちがうものになったはずなのに、というのが私の意見です。せめて「灯火」の「灯」という字だけは、ぜひとも訳語のなかに残して欲しかったのです。この字さえ使っていれば、あの白々と寒々しい蛍光灯がこんなに日本中の住宅に普及することはなかったかも知れません。

さて、その「灯り」というものが、「闇」あるいは「陰」と隣り合わせになってはじめて意味を持つということを、私がはっきり意識したのは、二十代の終わり頃から暖炉のある山荘で幾度となく静寂の夜を過ごす機会に恵まれたからでした。

その山荘の天井に照明器具はひとつもなくて、「灯り」といえば暖炉の炎と、ようやく読書できるていどのフロアスタンドだけでした。ほの暗い室内の隅には「闇」が生きもののようにうずくまっている気配さえ漂っていました。そして、洞窟の内部のようなその室内に暖かい灯火がともることで室内はいっそう深い安堵の気配に包まれるのでした。

山荘では、夜が更けてきて「これが今夜の最後の一本……」と言いながらくべた薪が、静かに燃え尽き、炎が消えるその瞬間が文字通り消灯の時間。それぞれの寝床に引き上げる潮時でした。

住宅を巡る私の話もそろそろ切り上げる潮時のようです。

「おやすみなさい！　どうか、よい住宅の夢を……」

本書は『芸術新潮』2000年9月号特集
「建築家・中村好文と考える　住宅って
なんだろう」に訂正、加筆をしたものです。
「第7章　子供」および第1〜11章末のメ
モは本書のための書下ろしです。

｜写真｜

中村好文……p16-17, 22, 23, 31, 32, 39, 84, 90, 91, 99, 108, 115

野中昭夫……p19, 30, 34, 35, 42, 43, 50, 66下, 75, 76, 83, 85, 92-93, 109, 110, 116, 119, 121

安藤忠雄……p20

筒口直弘……p21, 55, 58, 59, 66上, 67, 70, 78, 79, 98, 111, 124-125

二川幸夫……p28

平川嗣朗……p64

p71……Printed by permission of the Norman Rockwell Family Agency


Julius Shulman……p101

## 中村好文 なかむら・よしふみ

建築家。1948年千葉県生まれ。1972年武蔵野美術大学建築学科卒業。宍道建築設計事務所勤務の後、都立品川職業訓練校木工科で学ぶ。1976年から1980年まで吉村順三設計事務所に勤務。1981年レミングハウスを設立。1987年「三谷さんの家」で第1回吉岡賞受賞。1993年「一連の住宅作品」で第18回吉田五十八賞特別賞を受賞。現在、日本大学生産工学部居住空間デザインコース教授。著作は『住宅巡礼』(新潮社)、『普段着の住宅術』(王国社)、柏木博氏との共著に『普請の顚末』(岩波書店)がある。

# 住《じゅう》宅《たく》読《どく》本《ほん》

平成十六年六月二十日　発行
令和七年七月十日　九刷

著者　中《なか》村《むら》好《よし》文《ふみ》

発行者　佐藤隆信

発行所　株式会社新潮社
〒一六二－八七一一　東京都新宿区矢来町七十一
電話［編集部］〇三－三二六六－五六一一
　　［読者係］〇三－三二六六－五一一一
http://www.shinchosha.co.jp

印刷所　TOPPANクロレ株式会社

製本所　加藤製本株式会社

価格はカバーに表示してあります。
乱丁・落丁本は、ご面倒ですが小社読者係宛お送り下さい。
送料小社負担にてお取替えいたします。


ISBN978-4-10-435003-2　C0052

Kobun
NAKAMURA